丽泽·教育学研究丛书
主编 胡春光

湖南第一师范学院"教育学"湖南省应用特色学科成果

本书系国家语委"十三五"科研规划2020年度重点项目
（语言教育专项）"我国小学语言教育现状及改革对策研究"
（项目编号：ZDI135-145）成果

以言化人

我国小学语言教育现状考察

曾晓洁　等著

湖南师范大学出版社·长沙

图书在版编目（CIP）数据

以言化人：我国小学语言教育现状考察／曾晓洁等著. —长沙：湖南师范大学出版社，2023.12

ISBN 978 - 7 - 5648 - 5239 - 9

Ⅰ. ①以… Ⅱ. ①曾… Ⅲ. ①小学语文课—教学研究 Ⅳ. ①G623. 202

中国国家版本馆 CIP 数据核字（2024）第 014989 号

以言化人：我国小学语言教育现状考察

Yiyan Huaren：Woguo Xiaoxue Yuyan Jiaoyu Xianzhuang Kaocha

曾晓洁　等著

◇出 版 人：吴真文
◇策划组稿：彭　慧
◇责任编辑：彭　慧
◇责任校对：谢兰梅
◇出版发行：湖南师范大学出版社
　　　　　　地址/长沙市岳麓区　邮编/410081
　　　　　　电话/0731 - 88873071　88873070　传真/0731 - 88872636
　　　　　　网址/https：//press. hunnu. edu. cn
◇经销：新华书店
◇印刷：长沙雅佳印刷有限公司
◇开本：710 mm×1000 mm　1/16
◇印张：13
◇字数：240 千字
◇版次：2023 年 12 月第 1 版
◇印次：2023 年 12 月第 1 次印刷
◇书号：ISBN 978 - 7 - 5648 - 5239 - 9
◇定价：59. 00 元

总　序

　　教育兴则国家兴，教育强则国家强。世界强国无一不是教育强国，教育始终是强国兴起的关键因素。近几年，高规格的教育政策陆续出台，教育高质量发展的体制机制建梁立柱，教育关键领域改革聚力突破，教育综合治理落地有声。在建设教育强国、科技强国、人才强国的大背景下，当下中国的教育研究应当做什么？教育研究应当怎么做？或者说，今天的中国需要什么样的教育研究？要回答上述问题，首先要回答的问题是：我们为谁而进行教育研究？这种研究的价值在哪里？

　　我一直认为，教育研究不仅仅是研究别人，而且是在研究和教育"我自己"，研究和教育"我为何而为，何以为之"。教育研究是为"我自己"而进行的生命书写，我在为"我自己"而进行教育研究。我的研究、我的写作、我的沉思都是对我自己教育信仰的安顿，研究对象不是外在于我自己的，像鲁迅先生说的，不是"隔岸观火"，而是"燃烧自己"，是"在写我们自己，发现我们自己"。教育的根本旨归是涵养人的精神，精神成人首在立人，由此教育研究的最终目的是要通过透视人自身的成长经历，塑造人性，完善人格，温润人心，进而反思人类走向何处的问题。教育中的各种困惑实际上就是人对自身存在的困惑，在此意义上，教育其实是对人的一种终极关怀。由此，教育研究就是一种对存在的反思，它反思的是：受教的灵魂知向谁边？这是一个灵魂清洗开悟的过程，一个打开自我枷锁的过程，更是一个理解自我和完善自我的过程。《论语》是这样，《理想国》是这样，《爱弥儿》也是这样，这些大家先贤的教育研究是他们生命体悟、精神成长、自我个性的显现，他们的教育研究从来都不是与自己没有关系的，从来都不是无"我"的。因为无"我"的教育及其教育研究恐怕也不会有"他人"，不会引起生命的共情同理，至多只是无心的阐释、空洞的口号和苍白的说教，这样的研究不会让人享受到幸福感和崇高感。只有真诚面对自己，面对自己的内心，才能写出永不过时的作品，正如锡德尼所说："窥视你的心而后下笔。"有心的东西才有永恒的生命力。爱默生有言，如果诗人写一部真正的戏剧，那他就是凯撒，而不是凯撒的扮演者。真正的写作和研究是在写"我自己"和研究"我自己"，"我自己"才是真正的研究对象，才是真正的作品中的人。福柯在一次访谈中说："每次当我试图去进行一项理论工作时，这项工作的基础总是来自我个人的经验，它总是和我在我周围看到的那些事情有关。事实上，正是因为我觉得在我关注的事物中，在我去打交道的制度中，在我与他人的关系中，我发现了某种破裂的东西，某种单调灰暗的不和谐之处或运转失调的地方，我就会着手撰写一部著作，它实际上是一部自传的几个片段。"因此，福柯终其一生关怀的基本问题始终是"人自身的生活命运"，在他看来，人之为人的基本特点，就在于人是审美性的存在，时刻创造着自我满足的美学存在经验。米兰·昆德拉也曾经说：诗人的写作是为了推翻那些遮蔽真正存在的事物的屏障，诗人必须超越那些已经陈旧的真理，必须拒绝为人们提供浅显的真理，必须寻求那些在这里找不到的真理。也许我们永远都找不到这样的真理，但我期望通过这种写作反省，使自己被束缚的灵魂重新获得自己失去的青春，再次让我们日趋僵化的精神生命涌动跳跃，就像柏拉图"洞穴隐喻"中的那个挣脱绳索的囚徒，他要时刻关注自己的生命。

教育研究是饱含着研究者心血的东西，是对自己进行一种生命体悟式的"周全反思"，这种研究折射了研究者的生活体验，倾注了研究者的个人情感，浸润了研究者的理性思考，在用自己的心灵理解他人的同时也完成了对自己的理解，最终改进了教育实践，提升了教育思想，启发了教育智慧，润泽了教育生活。我们必须承认：我们怎么做教育研究，我们也就成为什么样的教育研究者。教育研究者选择了教育研究，不仅意味着选择了一种工作和职业，更意味着选择了一种生活方式，它占用我们的生命，敞亮我们的生命，呵护我们的生命。诚如社会学家米尔斯所言："作为学者，你有特别的机会来设计一种生活方式，它将促成良好的研究习惯。无论是否认识到这一点，在努力使治学臻于完美的历程中，治学者也塑造自我。我的意思是，你必须在学术工作中融入个人的生活体验，持续不断地审视它、解释它。"从这个意义上说，学术研究应该是研究者的栖息之所，套用海德格尔的话说，我居住，我逗留，我照料自己在教育研究中，这样的研究一定是充满生命力的，因为它是关于"我自己"的研究。柏拉图说，哲学产生于一种惊奇，这种惊奇就是一种渗透理性关怀的对生命的敏感，教育研究何尝不是如此。

当下教育研究中学术研究与"我们自己"的身心分离，学术研究似乎只是一种工作和职业的必要，有时候甚至是一种"晋升职称""获得荣誉""争取经费"的被迫行为，真正的个性精神、生命叙说、心灵澄明被挡在了教育研究之外，这样"生命自我"与"教育研究"对立起来了，学术研究成为外在于"我"的东西，成为"我"不得不去应对的东西。对于学术研究，我们就只关心一件事，即生产研究成果，发表研究论文。然后，研究完成，任务结束，束之高阁，周而复始。我们在工具化的研究中体会不出自我生命的快乐、冲动、解脱、安详、崇高、敬畏，更多的是为提高生产效率而产生的倦态、无奈、压力、焦灼，有时候甚至是痛苦。其实我们正在走向一种严重的异化状态，我们正在努力做着被迫的事情、心里想逃逸的事情。教育研究也因此褪去了它应有的魅力，走向功利研究、工具研究、消费研究，研究这件事变成了我们生命的障碍，我们似乎都是在迎合研究，而不是出于研究本身。我们不能像孔子、苏格拉底、亚里士多德等古代圣贤那样把教育及其研究当作实现自我的生活，当作我们道德生活的目的。我们发明了"职业"这个词，"研究"也因此成为学术人的"职业"而不是"志业"，"职业"的教育研究逐渐沦为一种与灵魂无关的知识传授和科学研究活动，"学术为生"变成了"学术谋生"，研究者的生命价值和精神价值在"职业研究"中似乎退隐乃至消逝了，使得今天的研究活动失去了对人自身生活和精神的引导与关注，使人在学术研究中缺少了一种惬意的价值存在的崇高体验感，我们被各种"知识""技术""制度""评价"再造为某种目的的"科研工具人"。

今天的教育日益为功利所羁绊，更多地被当作一种实用知识与技能训练的消费，成为人们追逐名利的法宝，它摒弃了那些能净化人心灵的古典知识，规限了人拓展生命与精神的空间。在利益得失、欲望骄纵的复杂多变的社会里，教育渐渐失去了其唤醒人心灵解放的理性光辉，成为一种建基于技术工具理性之上的，以符合人的"物化"意愿而提供给人更多的欲望满足。相应的学术研究也导致我们丧失了对"研究"的敬畏之心，有时候"学术"甚至被当成改变命运境遇的工具和获得功名利禄的阶梯，它满足着人的欲望，诱惑着人的野心。当人对一件事情没有了敬畏之心，也就关闭了入德之门。对此，舍勒说："我们一旦关掉敬畏的精神器官，世界就立即变成一道浅显的计算题。只有敬畏才使我们意识到我们的自我和世界的充实与深度，才使我们清楚，世界和我们的生活具有一种取之不尽的价值财富。"他还说："只有敬畏才在清晰而有限的思想和感觉内蕴含我们空虚和贫乏之时，使我们隐隐地意识到财富和充实；敬畏赋予我们一种感觉，使我们感受到尚未发掘出来，而且在尘世生活中无法发掘的生存与力量之宝藏。敬畏悄然将我们得以施展真实力量的空间暗示给我们：这是一个比我们的时间性生存更伟大、更崇高的空间。敬畏使我们不致对自己作出只会使自己着魔般茫然失措的、正反两方面的结论性价值判断；敬畏不断地给我们铺好绿茵，插好路标，我们走在上面自己探寻自己，也许不免迷途，最终却能找到自己。"敬畏教育，敬畏研究，其实就是敬畏生命；敬畏生命，人才可入德成人。教育研究倘若不通过对人生命存在的反思与理解，那又如何能捕捉隐藏于人的存在与生存策略意识下的种种教育问题呢？

教育是造就新生力量的事业。新生力量意味着赋予新的生命，也即教育要为个体生命的澄明提供指引，祛除其自我深层的内在遮蔽，教育无疑和人的生命密切相关。人是自己意识的对象，是自己感觉、认知、精神、情感、意志、愿望、审美的对象，在马克思那里，人是"按照美的规律来构造"，构造对象，也构造自己，因此，人应该是一种审美性存在。人要走出现代性的困境，恢复人之为人的自然面目，必须寻找人的价值性与审美性存在，凭借审美存在的态度与实践，使主体自身的现状不断地经由反省而有所超越，将自身培养成为独立自由和充满创造活力的价值生命体。审美的人生就是艺术的人生，审慎地对自我设定生活的美学原则，对自身的生存内容、行动方式和生活风格进行持续不断的艺术创造的实践活动。我们写的书，也是我们审美人生不可分割的一部分，我要把它当作一件精美的艺术品，用心地打造和雕刻，用我们全部的身心来创作，这种创作就是我们的审美生活。正如苏格拉底在《申辩篇》中对审判他的法官们说，你们只关心自己的财产、信誉和荣耀，你们没有用"智慧、真理以及灵魂的完善"来关怀自己。我想，我们的写作，正是用我们的智慧、真理以及灵魂来完善我们的生命，关怀我们的生命，润泽我们的生命。《论语》中说："诗三百，一言以蔽之，曰'思无邪'。"这告诫我们，人要胸怀坦荡，光明磊落，做一个纯粹的人，做一个有信仰的人。学术，天下之公器也；学者，天下之良心也。学术人，尤其是要纯粹，甚至是要简单。

写就以上文字，反思教育研究中"身心分离"的问题，思考教育研究向何处去，其实是希望我们能涌现出更多、更好的教育研究成果。教育始终与国家发展和民族振兴同向同行。中国的未来发展，民族的伟大复兴，关键在人才，根本在教育。"为学之道，必本于思""不深思则不能造于道，不深思而得者，其得易失"。面对前所未有的发展机遇和严峻挑战，我们清楚地意识到，当下的教育还不适应国家经济社会发展和人民群众接受高品质教育的要求。教育发展的现状，期待我们必须更多地关注实践中的教育问题，思考每一个教育行动的价值和意义，探寻教育改革与发展的新路向，这是时代赋予我们的课题。作为教育研究者，我们要把眼光转向喧嚣的教育事实背后，去寻思那些被热闹所掩盖、浮华所遮蔽、习惯性遗忘的教育问题之域，创塑一种新的眼光、发挥一种新的想象力去了解与看清教育生活中所隐藏的矛盾与扭曲的事实，进而找到一条可行的教育改革进路去提升现实的教育品格。基于此，我们策划了此套丛书，在此要深深地感谢湖南师范大学出版社的大力支持，同时也感谢各位编辑老师的认真审校与勘误。

"衡山西，岳麓东，第一师范峙其中；人可铸，金可熔，丽泽绍高风。多才自惜夸熊封，学子努力蔚为万夫雄"，湖南一师高亢有力的校歌传递出历经千年弦歌不辍的深厚文化底蕴。这里的"丽泽"原意是"两个相连的沼泽"，《易经·兑卦》中云："丽泽，兑。君子以朋友讲习。"朱熹释义："两泽相丽，互相滋益，朋友讲习，其象如此。"后世将之比喻为朋友之间互相切磋。今年是湖南一师的百廿华诞，在这特殊时刻，出版"丽泽·教育学研究丛书"，助力"品质一师"建设，更重要的是希望开启共同愿景：学者间相互问道，切磋学问，做真学问，行真教育，共同为中国的教育现代化贡献教育智慧和实践经验。

本套丛书的作者大多是湖南一师近年才引进的青年博士和博士后，他们秉承毛主席母校"千年学府、百年师范"的荣光，牢记主席"要做人民的先生，先做人民的学生"的教导，弘扬"传道树人、丽泽风长"的教风，践行"学思并进、知行合一"的学风，从他们身上我们看到了实现我们教育理想的某种可能。尽管他们书中有些观点和论证略显稚嫩和不足，但他们对教育理想的不懈追求，对教育信仰的虔诚敬畏，对教育现实的深厚关切令人感动。"士不可以不弘毅"，我们希望本套丛书能为中国的教育发展奉献我们一师人的一份心力。中国的教育改革之路是怎样的一条路？是哪些东西在遮蔽着我们前进的路？我们不敢说已经找到了答案，但现在我们拿出了勇气去上路，我们已经走在寻找答案的路途中，关键是我们有一群志同道合的同路人。孟子有云："大人者，不失其赤子之心也。"我们有对教育的信仰，有执着于教育的理想，有我们坚定的守望和无畏的追求，我们一定能达成本丛书既定的目标。子曰："君子不器。"此之谓也。

胡春光
2023 年 10 月写于湖南一师特立北楼 202

目　录

引　论
以言化人：语言教育的使命与可能

　　语言"最切近于人之本质"①，是最重要的社会交际工具与文化载体。言如其人，言为心声，语言一直被认为是表达自我、了解他人的基本工具。除了以言识人、以言示人，语言还有"化人"功能，我们可以通过语言教育，在形成语言能力的同时，通过言语运用带动自己、影响他人，最终形塑理性、积极的个性品质。

一、以言化人的基本内涵

　　"以言化人"是指以言语作为介质与内容物，教育目标明晰且教育过程自然而然，主要由教育者影响他人且教育者本身也能受到影响的一种语言教育方式。这样界定"以言化人"，是基于对其中三个实词的意义辨析。

　　第一，动词"化"。这是短语"以言化人"的焦点行为，《说文解字》："化，教行也。"《说文解字注》释之为"教行于上，则化成于下"。可见，"化"的本义就是指教化、化成。"化"是教育的一种，所谓的"上"与"下"，对于前喻时代的东汉而言，主要指长者对晚辈、尊者对卑者的影响，但我们要关注的重点在于"上""下"之间所存在的势能，以及因这势能而使得效果产生过程之自然而然。此外，还要关注这一解释中的"教"字，"教"是一个会意字，由老人、手、棍子、小孩这四个形象构成，清晰地呈现了有意识教育的含义。因此，可以判断，"化"的效果产生，首先是依赖

---

　　① 海德格尔. 在通向语言的途中 [M]. 孙周兴，译. 北京：商务印书馆，2009：1.

于某种自然的教育情境和自然的教育手段，即来自"生发"①；其次，虽然教育者有意识或无意识地教，均能产生或学得或习得效果，但"化"所强调的却是教育者有意识状态下，学生看似是习得、实则为学得的学习获得。从这个意义上说，"化"是一种高超的教育方式。

第二，作为教育介质的"言"。与"言"同步并行的词是"语"，二者组合成"语言"和"言语"。依据以索绪尔为代表的结构主义语言学观点，"言语"与"语言"是具体与一般的关系，"言语"是具体情境中千变万化、生动鲜活的话语，"语言"则是从千变万化的言语中归纳提炼出来的一般性规则。再进一步追问"言语"的含义，《说文解字》有"直言曰言，论难曰语"，《说文解字注》有"发端曰言，答难曰语"，可见，从本义看，"言"重在表达自我，"语"重在回应对方，而二者同义复合为一个词，则指基于交流情境的表达、倾听与交流。

第三，作为受众的"人"。既然言语是基于情境的一种双向互动，那么，"以言化人"的受众范围，能够改变受话人的，既可以是客观地作为"他者"的言说人，还可以是作为"本我"对立面的"超我"，一个带有自我评价功能、自我反思意识的"超我"，即，在启动自我监控意识的前提下，受话人既可接受来自他者的语言教育，也可对自身语言情况进行基于评价与反思的自我教育，从而发挥出语言的双向影响价值。

二、以言化人的重要价值

"我的语言界限，就是我的世界的界限"（维特根斯坦），语言如此重要，以言化人的教育功能也必然相当重要。

第一，语言是人类社会的存在基础。作为普遍概念的"人"，其本质是社会关系的总和，社会关系是个人、群体、国家相互之间的关系。每一个具体的人是社会关系形成的基础，每个人都是社会关系中的一个元素，这些元素通过社会互动形成一定的群体，群体之间的互动又可能形成一定的

---

① 刘铁芳，位涛. 从思维激活到理智兴趣培育：启发的教学意蕴及其实现［J］. 国家教育行政学院学报，2018（11）：87 – 95.

国家。国家与国家也存在或深或浅的互动，我们从单一视角所观测到的个人、群体、国家之间的线性互动，受到参与者多元化或影响因素多样性的影响，事实上必然是立体化互动。这种立体化的互动，必然形成复杂的多维度、多层次的立体结构，而语言正是人们亘古以来进行社会互动的核心甚至几乎唯一的工具，即，我们通过语言形成了一个基于互动的结构复杂的社会。

第二，语言是塑造个性品质的利器。能够言说是个体社会化的前提，也是个体充分发展的保障。我们生活在语言的世界里，又通过个体的言语活动，以言识人，建构认知于内；以言示人，表情达意于外。就日常交际场域，语言是形成人际氛围的关键工具，"良言一句三冬暖，恶语伤人六月寒"，温和的语言带来宁静与愉悦，暴戾的语言引发紧张与冲突。一方面，使用良言或恶语，受制于说话人的个性品质。另一方面，有意识地使用良言而非恶语，也会因刻意训练机制的启动，而使良言行为所引发的内在心理机制形成记忆，成为优化我们个性品质的自觉的推动力。另一方面，当具备这些优良个性品质者日益增多的时候，通过近朱者赤的环境熏染，这些个体的个性品质就将慢慢沉淀为中华民族性格的一部分，成为推动民族文化甚至国家发展的最深沉的力量。

三、以言化人的教育可能

以言化人的实现，对于语言文化积淀深厚、语言反思意识强者，或许言语自主体悟就是一种有效途径，但对于一般受众而言，关键还是得依靠有组织的语言教育。从操作路径来说，语言教育可以从三个方面推动以言化人：

第一，拓深"化"的功效。就专门的语言教育类课程而言，我国历来普遍强调的是读懂、写出的能力，20世纪八九十年代以后听懂、说出的能力也进入语文课程标准的要求。不管听懂读懂，还是说出写出，都强调在技能获取中关注"以言识人""以言示人"的工具功能。但是这还不够，我们还要将语言教育的功能推深一层，即关注语言教育"以言化人"的树人功能。2022年版义务教育课程标准已经开始强调"以文化人"，但"言"

仍然是作为"文"的载体而间接地受到重视，言语对人的直接化成功能尚未受到足够关注。当前，要多层次认识语言教育的职责，从重视"以言识人""以言示人"到兼重"以言化人"。

第二，提振"化"的担当。语言教育的特性是强调眼观、耳听、口说、心思，重在耳濡目染、榜样垂范。但谈及语言教育，往往默认的多是学校里的语文课、民族语文课、外语课，不仅家庭里的语言教育责任未被充分关注，连学校其他课程教师教学语言能力的讨论，也基本仅从"以言示人"的视角，指向更好地表达教学内容、做好课堂管理，从而提高授课品质、营造教学氛围，而很少涉及用教师语言塑造学生心灵的这一应有价值。因此，要全方位纳入语言教育的责任人员，从仅重语言类课程的语言育人职责到兼重各科教师及社会的语言育人职责。

第三，滋育"化"的涵养。成人以言，毁人亦以言。语言与思维是人的精神活动的一体两面，语言为表，思维为里；语言必然表达思想，思想多由语言表达。就个体而言，思想既反映所掌握的知识能力，更反映个体的认知图式、思维模式及世界观、人生观、价值观，所以，我们观测一个人的思想，既要看他说什么、怎么说，还要分析他为何说这些、为何如此说。所以，开展语言教育，无论对教育者本人还是受教育者，都不但要关注如何塑造语言形式使之更加规范、明晰、艺术，更要关注如何赋能语言的思想内容使之更具感染力、说服力和影响力。坚持通过"外塑—内化—外显"的循环，推进行为与思想的互动，才能一步步地形成较开阔的历史观、发展观及系统观，滋育出以言化人的深厚涵养。

第一章
语言能力结构：理想状态与达成路径

　　语言是文明的结晶，是引导儿童理解世界的关键工具。语言能力既是个体智力发展和社会生存的核心能力，也是国家软实力的重要标识。19世纪以来，关于语言能力的研究层出不穷，但针对学校语言教育这一场域的特色性语言能力结构尚未明晰。当前，必须建构教育视角的语言能力结构，为驱动学校语言教育高质量产出提供核心指引。

第一节　文献回溯

一、语言能力范畴的判断：从重知识结构到更重交际运用

　　语言能力范畴的探索始于19世纪洪堡特，他认为语言是一种构成思想的官能，是一种人类独特的生理机能。① 20世纪以后关于语言能力的要素研究主要有三种：一是20世纪初期，索绪尔的结构主义语言学理论将语言能力定义为静态的语言结构的能力，包括语音、词汇、句法等语言抽象系统的知识；二是20世纪60年代，乔姆斯基认为"语言能力是指说话人和听话人所具有的关于他的语言的知识"，从根本上有别于"具体环境中对语言的

----

① 姚小平. 洪堡特——人文研究和语言研究［M］. 北京：外语教学与研究出版社，1995：4.

实际使用"的语言行为①；三是海姆斯与巴克曼的"交际能力"学说，进一步扩展了语言能力的范围，语言不仅涉及使用正确性，还涉及合法性、适合性、得体性和实际操作性。② 以上回顾表明，对于语言能力范畴的判断，经历了一个从重视静态抽象的知识概念到更重动态交际运用的发展历程。

沿着交际运用这一思路，教师语言能力作为教育教学的工具性能力受到关注，其中，课堂教学语言、教育语言、交际性语言③是按场域对其进行的一种较全面切分，准确性、逻辑性、启发性、生动性、节奏感等④则是从高质量表达需求出发对其应然特征进行的归纳。再往前走，国内有学者基于科学性、交互性、艺术性3个视角，提出了包含9个维度、26个要素和72个观测点的教师语言能力结构基本框架；⑤ 国外有学者在整合40个欧美国家相关经验基础上，提出了包含专业理念与准则、语言交际能力、信息技术能力、元语言和元文化能力、教学能力、合作能力、职前教育和专业长期发展的能力、专业学习机会8个维度的，专门针对语言教师教育能力及所有教师语言教育能力的共同参考框架⑥。而作为教师语言能力作用对象的学生，其语言能力结构的研究，主要体现于相关课程的教学大纲或课程标准之中，跟人们对语言能力范畴的认知一致，也大体经历了一个从重语言知识结构到更重交际运用能力的过程，语文课程性质从工具性、人文性的持续争论发展到2011版《义务教育语文课程标准》提出实践性，再到2022版界定语言运用的内涵时，既灵活阐明了语感、语言知识、语言意识、沟通能力、语言情感等语言运用能力的构成要素，又说明了语言实践与语言知识学习是语言运用能力的形成途径。

---

① 洪范，芝田. 中外社会科学名著千种评要［M］. 北京：华夏出版社，1992：46.
② 陈昌义. Hymes 交际能力理论的反思［J］. 外语学刊，2003（02）：93－97，112.
③ 洪云. 教师专业化背景下培养师范生语言能力的策略研究［J］. 河北师范大学学报（教育科学版），2011，13（04）：27－31.
④ 周璐. 试论青年教师教学语言能力的培养［J］. 教育探索，2012（05）：108－109.
⑤ 曾晓洁. 教师职业语言能力是怎样的能力［J］. 课程·教材·教法，2018，38（08）：120－125.
⑥ 王添森，刘薇，赵杨. 欧洲《教师语言教育能力指南》及对国际中文教师标准的启示［J］. 汉语学习，2022（01）：77－84.

二、语言能力主体的关注：从重个体需求到兼重国家需求

人是语言运用的行动发出者，因此语言能力研究也一直较为关注相应的行事主体，而从发展历程看，这一关注体现出了从重个体需求到兼重国家需求的思路转变。

我国对个体语言能力的推崇，早在春秋战国时期就已见端倪，但多限于对榜样人物言语风格、言语智慧的惊叹。随着人类社会由农耕时代到工业时代再到信息时代，一方面，沟通交流的半径与方式日益变化，个体语言能力的内涵也从基于思想的话语组织，到进一步涵盖网络语言信息的处理与网络信息化表达①；从母语母言能力，到进一步包括通用语言能力、外国语言能力等多言多语能力②。另一方面，个体语言的功能也在发生拓展，从仅为日常交际工具到能产生经济效益的职业劳动生产工具③，而教师、律师、医生、主持人、工程师、政界领袖、著名作家等较大程度依赖语言开展工作的职业，其言语风格也一直颇受研究者关注。

国家语言能力的研究阵地集中于美国，以全球化和国家安全作为基本动力，发展历程与特定历史事件紧密相关。20 世纪 50 年代，在苏联卫星事件推动下，美国颁布了《国防教育法》，该法案第六章聚焦于语言发展，并由此于 20 世纪 80 年代建立了国家外语中心，其中学者首先将国家语言能力定义为国家出于任何原因对特定语言的语言能力需求作出反应的能力，包括用小语种进行教学的能力。④ 此后，又采用经济学理论将国家语言能力定义为市场商品，具体指为目前或可预见的未来可能出现的任务提供语言专

---

① 赵世举. 从语言的功能看公民个人语言能力的地位和作用［J］. 云南师范大学学报（哲学社会科学版），2013，45（03）：37-43.

② 陆俭明. "语言能力"内涵之吾见［J］. 语言政策与规划研究，2016（01）：2-4.

③ 李宇明. 语言也是"硬实力"［J］. 华中师范大学学报（人文社会科学版），2011（05）：68-72.

④ RICHARD D，BRECHT A，WALTON R. National strategic planning in the less commonly taught languages［J］. The annals of the american academy of political and social science，1994（1）：190-212.

业知识的能力，并从战略和战术两个层面建构了战略市场力量框架。① 进入 21 世纪后，受经济全球化和世界恐怖主义的双重影响，美国将语言教育上升到国家战略，如 2006 年宣布实行《国家安全语言计划》，将阿拉伯语、汉语、俄语、印地语和波斯语等语种作为语言教育需主攻的关键语言。同时，美国还构建了更加全面的语言战略框架，将国家外语能力的提升范围拓展为国家安全与外交、国家商业与经济、美国人的全球视野与知识、满足日益多样化的美国公民的需求、学术研究五个方面，并在此基础上规划了与学校结合的外语教育学习框架，包括：调查语言课程、水平和入学人数等相关数据，设立领导协调全国性语言教育的外语和国际教育助理秘书，建立全国性的评估第二语言能力的项目，建立新的教师发展计划，等等。

我国对美国的国家语言能力结构进行了本土化改造，主要是增加了对民族共同语的关注。其中，较早有李宇明的五维度划分法：语种能力、国家主要语言的国内外地位、公民语言能力、拥有现代语言技术的能力、国家语言生活管理水平。② 此后，有学者从资源开发利用的角度，将国家语言能力分为 7 个维度：国家通用语言文字普及程度及水平，国民掌握语种数量及水平，各语种人才数量、水平和结构分布，语言资源库的可开发性及开发效率，语言学习资源的可利用性及利用效率，语言信息处理能力，管理社会语言生活的能力。③ 文秋芳结合"一带一路"文化建设所需，从纯粹的国家行为尤其是国家监控角度，将国家语言能力的外延区分为 5 个方面：国家对涉及国家战略利益语言事务的管理能力、国家对语言人才资源的掌控能力、国家对语言人才资源的创造能力、国家对语言处理技术的开发能力、国家对中文国际影响的拓展能力。④ 随着研究的深入发展和国家语言能力可操作性需求的提高，有学者开展了跨学科研究，以文秋芳创立的指标（管理能力、掌控能力、创造能力、开发能力、拓展能力）为基础，采用多指

---

① BRECHT R D, RIVERS W P. Language policy in the U. S. : questions addressing a sea change in language in the U. S. [J]. NFLC policy issues, 1999, 2 (1): 1 - 4.

② 李宇明. 提升国家语言能力的若干思考 [J]. 南开语言学刊, 2011 (01): 1 - 8, 180.

③ 魏晖. 国家语言能力有关问题探讨 [J]. 语言文字应用, 2015 (04): 35 - 43.

④ 文秋芳. 国家语言能力的内涵及其评价指标 [J]. 云南师范大学学报（哲学社会科学版）, 2016, 48 (02): 23 - 31.

标综合评价分析方法，将国家语言能力量化分项细化到 26 个三级指标。①

上述回顾表明，人们对于个体语言能力范畴的认知已经走向基于运用的情境化，而对国家语言能力的研究暂时还主要停留在宏观领域的政策指导。教育场域是培养个体语言能力和落实国家语言能力的关键场域，从该场域的运用情境出发，重新梳理搭建语言能力结构，使之既切合语言教学的当下之需，又具可持续提升之效，还能保障国家语言安全，具有一定的紧迫性与重要性。

第二节 "三力六要素"的内部结构

教育视角下，学生应发展的语言能力即为语言教育的应教内容，而教师能教、会教、有意识地教这些内容的关键前提，是教师自身必须具备相应的语言能力，故教育视角的个体语言能力结构，是指语言教与学场域中教师应该具备和学生应该获得的语言能力结构。

一、教育视角的语言能力模型

根据文献回溯与教育实践观察，我们将教育视角的个体语言能力结构概括为"三力六要素"（如图 1-1）。其中，"三力"指语言领悟力、执行力和监控力，"六要素"指语言知识、语言文化、语言运用、语言态度、语言评价和语言意识。六个要素两两配对，构成三对关系，每对关系支撑着"三力"中的一种能力。这种支撑关系的强弱，表现于图 1-1 中线条的虚实，实线为强支撑，虚线为弱支撑。另外，三种能力当中，领悟力是向内的能力，执行力是向外的能力，监控力是宏观管理的能力；六个要素构成的三对关系，每对关系的两个构成要素都相对呈现一显一隐的关系，语言知识、语言运用、语言评价相对外显，语言文化、语言态度、语言意识相对内隐。

---

① 张天伟. 国家语言能力指数体系完善与研究实践［J］. 语言战略研究，2021，6（05）：12-24.

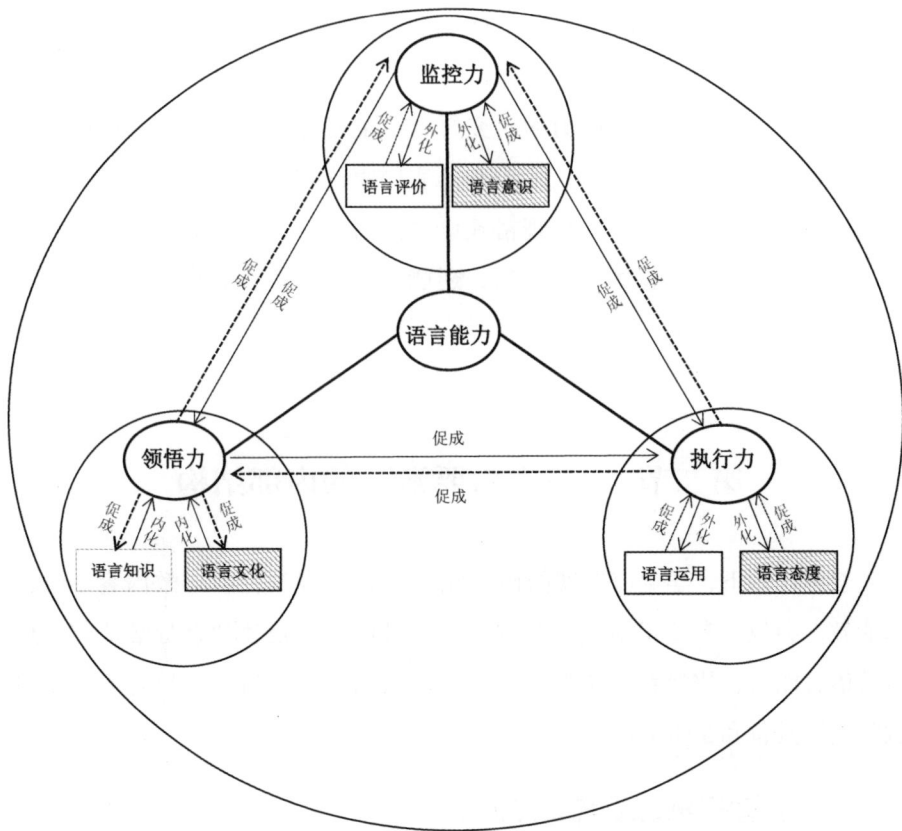

图 1 - 1　教育视角的个体语言能力结构图

（一）语言知识与语言文化促成语言领悟力

　　语言知识通常指对语言客观现象及其客观规律的认识，是建构系统化语言能力的骨架。语言文化一般指不同地域的人们在使用语言过程中形成的文化历史和文化心理特征，其中，语言既是一种特殊的、综合性的文化凝聚，是文化建构、传承、交流的最重要形式，也是文化的一个具有相对独立性的子系统——可以超前于文化而先行或单独获得，如习得一种语言后不一定能融入该语言的文化①，但语言文化的程度高低和特点会影响语言的发展，是文化的重要组成部分。所有语言知识都包含着语言文化，而语言文化则内隐于语音、词汇、语法、修辞等语言知识之中并依赖它们予以

---

① 杜道明. 语言与文化关系新论 [J]. 中国文化研究，2008（04）：133 - 140.

传递。

　　对语言使用者而言，语言知识和语言文化是客体，语言使用者在语言教育过程中，通过各种学习活动，将显性的语言知识和隐性的语言文化直接内化成了领悟力。语言领悟力的提高能增强语言知识和语言文化的运用能力和迁移能力，从而反向助推语言知识和语言文化的传承与创造，最后形成结构化的语言知识文化库。

（二）语言运用与语言态度彰显语言执行力

　　语言运用是人们在具体的交际情景中使用语言表达观点、态度、情感并产生相应交际效果的动态过程。语言运用中隐含着语言态度，语言态度一般是指人们在语言交际中对某种语言的认知、情感和行为倾向。[①] 语言态度体现于多个方面，既包括对有条件学习的语种的选择性学习，对已掌握语种的选择性使用，也包括对同一语言不同语体风格的选择性应用。作为社会语言学十分看重的一个概念，语言态度被普遍认为影响着语种背后的民族认同，其可能倾向也通常可通过对应语种的应用水平得到观测。

　　言说者的语言态度内隐于语言运用，而语言运用则通过不同的表达形式，将内化的语言知识和文化传递出去，促成个体间的认知情感交换，然后语言受众才能从语言运用中判断他人的语言态度。所以，语言运用和语言态度皆是执行力的外化，二者通过语言实践可以反向促成语言执行力，不仅使个体的语言表达更加顺畅、熟练，还有助于个体根据不同的语境选择恰切的语言态度，最终形成个体独特的语言风格。

（三）语言评价与语言意识提升语言监控力

　　语言评价是通过自评、互评、他评等不同的评价主、客体组合方式，以口头评价、书面评价、量化评价等多种形式，对语言信息进行分析、判断后形成结论的一种活动。贯穿于语言活动全过程的语言评价，有利于交际者得到反馈后及时调整语言运用，从而提升个体的语言能力。语言意识就是对语言形式系统本身以及对它的使用的觉察，是人们对语言本质及语

---

① 邬美丽. 语言态度研究述评［J］. 满语研究，2005（02）：121－127.

言在人类生活中所起作用的敏感和自觉的意识。从定义可知，语言意识具有内隐性和指导性，是一种利于学习者对语言学习过程形成清晰的认识、掌握分析语言知识、控制语言加工的能力。正如意识一般被分为无意识、反思意识一样，语言意识也包括语言的无意识（语感）和语言的反思意识（语识）①。

语言评价和语言意识都是语言使用者对不同主体的语言运用的调控，它们同属于元语言能力，但相对而言，语言评价行为是外化的语言监控力，语言意识是内化了的语言监控力。语言评价的掌握与运用是对不同个体的语言运用进行监测，可以促成个体提升监控力，监控力的提升又能进一步促成语言意识。语言意识远超于语言评价的范畴，它不仅能对已完成的语言运用进行反思，还可以对未来的语言运用进行预调整。

二、语言能力的内部三力协同

作为统摄六要素的集合体，领悟力、执行力和监控力将语言能力分化成了三足鼎立的形态，但每种力之间都存在强弱不等的相互促成的关系，并且通过从不同层面对语言能力给予支持而构成了整体性的个体语言能力结构。

三力协同的关系中，领悟力对执行力起引领作用。领悟力相当于语言理论，执行力类似于语言实践，语言教育中的领悟力对执行力有明显的促成作用，但执行力在语言自然习得中也可以独立存在，因此执行力对领悟力的反向促成作用偏弱。

监控力是保障和促成领悟力、执行力发挥作用的重要力量。首先，《说文解字》有"监，临下也"，"监"的本义具有自上而下视察之意，监控力对领悟力和执行力也具有监控作用。其次，监控力贯穿了语言教育的全过程，它伴随着语言运用从起始到结束，在语言交流前可协助调动个体已有

---

① 刘大为. 作为语言无意识的语感［J］. 华东师范大学学报（哲学社会科学版），2003（01）：105－112，124.

的语言知识和文化，在语言交流中可根据语境帮助个体进行语言态度转换，在语言交流结束后可促进个体反思整个语言运用中的正误。监控力虽然通常隐于语言运用背后，甚至被个体所忽视，但监控力是提升语言能力的关键，它发挥的效果和作用远远强于领悟力和执行力对其的反作用。

综之，三种能力构成的三角状语言能力结构模型是一个立体的系统。如果把语言能力结构与人类的生命系统进行类比，则三种能力由外向内的构成如下：执行力处于语言能力结构的最外围，类似于人体的外表形状，我们可以通过个体的语言运用直接判断其语言运用能力和语言态度的倾向选择；领悟力处于语言能力的中间层，类似于人体的骨骼血肉，个体需要通过语言教育将外界的语言知识和文化加以内化，将其作为个体语言素养的养料与基础；监控力处于语言能力的意识层，类似于人体的意识活动，起到控制、调节个体的语言运用及所有生命活动的作用。

第三节 语言能力的教育获得

一、生成结构化的语言知识库

知识历来是教育的关键内容与载体，语言能力教育也是如此。关于应该获得什么形态的语言知识，以及如何获得这种形态的语言知识，人们的观念经历了较大的转变。

关于我们应该获得什么形态的知识，经历了从平面化语言知识网逐步转向立体化语言知识体的过程，即认可的知识之间的逻辑关系，从线性链接逐步转向了辐射状链接。中华人民共和国成立至21世纪初，语言知识的建构整体处于平面化形态。其中，20世纪50年代追求线性的系统化知识，典型事件如汉语、文学分科实验，语法教学在学界的集中讨论。20世纪60年代，语言知识形成了基本框架，由字、词、句、篇、语（语法）、修（修辞)、逻（逻辑）、文（文学）组成的"八字宪法"成了语文教育的知识基础。[①] 20 世纪 80 年代，有研究者将语言知识归纳为语言学、文学、文章学三大知识系统，但它们在教学中是分离的三条线。[②] 20 世纪 90 年代至 21 世纪初，在素质教育提倡之下，知识系统成为陈述性知识与程序性知识相结合后的网状结构。可以认为，语言知识结构在 2016 年 9 月 13 日《中国学生发展核心素养》（以下简称《核心素养》）正式发布前，虽已出现立体化趋向的个别研究，但整体仍处于平面的知识网内，直到《核心素养》发布后，知识建构体系才逐步明确转向推崇结构化知识体，主要表现为知识的定义发生了变化，即统编教材和《普通高中课程方案（2017 年版 2020 年修订)》重构了语言知识的概念，将语文学科核心知识称为大概念，其结构化表现为将具体的散点知识整合成抽象的层级系统，主要目的是发展学生的语文学科核心素养即言语实践能力。[③]

关于如何获得语言知识，经历了从先验式预设到体验式生成的转变。这种转变同样发生于教育目标从知识能力导向转化为核心素养导向之后，目前，虽然教育行动上还存在很大的缓滞，但人们在知识获取的观念上已基本达成两点共识：第一，知识体系的建构需要结构化地助推。语言教学不再局限于课堂内的单向教学或师生一问一答的教学，教师在未来的教学中将面临一定的挑战性，不仅要具备丰富的学科静态知识，还要有灵活调动知识的能力，在解决问题中教会学生结构化建构动态知识体系的方法，让学生获得学习支架后发挥学习的主体性，成为课堂内外场域的发问者和问题解决者，并以此为基础构建更大的个体语言知识库。第二，知识体系生成于迭代的情境教学之中。迭代指在重复反馈过程的活动中达到目标，即通过难度螺旋式上升的情境来训练学生解决问题的能力。真实情境中的

---

① 吴天石. 加强语文基础知识教学和基本训练——在中小学师范语文教学会议上的发言 [J]. 江苏教育，1962（23）：3 - 6.

② 李海林. "语文知识"：不能再回避的理论问题——兼评《中学语文"无效教学"批判》 [J]. 人民教育，2006（05）：24 - 29.

③ 吕映. 语文学科的"大概念"：概念辨析、要义解读与研究展望 [J]. 语文建设，2021（18）：20 - 26.

问题结构是优劣并存的，这些问题作为知识体系的轴心不断向外链接新的知识点，最终形成多维度立体化的知识模型。

二、体悟绚烂散在的语言文化点

教育视角下的语言文化体现于宏观和微观两个视角。

宏观视角，是指语言教育需要承载的文化，比如语言中所蕴含的中华优秀传统文化、革命文化、社会主义先进文化以及不同国家语种的多元文化，即既要继承弘扬中华三大文化，又要在此基础上理解借鉴不同民族和地区的文化，最后通过中外文化的比较形成开放包容的文化视野与观念。

微观视角，是指语言本体结构中的文化因素和语言使用过程中的交际规约知识。① 比如，汉字以形表意和形声化的音义体现了汉民族象征性思维、整体直观思维及辩证思维；成语、熟语等直接反映了传统民族文化和地方文化；汉语语法重意合而不重形式，组词造句中完全依据语义逻辑和动作发生的时间先后决定词语和分句的排列顺序；② 选词炼句中的辞格文化尤为突出，包含了具象性文化观、辩证统一文化观、中庸和谐文化观和深沉含蓄的文化观。③ 此外，不同民族语言交际运用中都蕴藏着一些文化规约，教师在教学中要有意识地教授学生语用原则和策略，首先要教会学生在明晰交际场合后将谈话的总目标分为一个个的意图；其次需通过不同情境，传授得体、谢绝夸奖、虚抑实扬的恭维、运用权威、语境调控等各种语用策略；④ 最后，在使用具体的策略时要注意用词和造句。

三、树立开放灵活的语言态度观

语种选择是语言态度最直观的体现，它不仅是国家语言教育规划的重

---

① 张英. 对外汉语文化因素与文化知识教学研究［J］. 汉语学习，2006（06）：59 – 65.

② 李莉. 文化思维方式和语篇结构［J］. 北京第二外国语学院学报，2007（04）：25 – 29，43.

③ 李宏伟，由杨. 汉民族文化观念对汉语修辞格的影响［J］. 社会科学战线，2010（07）：264 – 265.

④ 钱冠连. 汉语文化语用学（第3版）［M］. 北京：清华大学出版社，2020：4.

要问题，还是涉及国家政治、经济、外交、安全等诸多因素的社会问题。我国目前的语言教育可提供的语种类型主要有四大类：国家通用语、民族通用语、民族语方言、外语通用语。我国语言种类可以进一步细分为：130种少数民族语言、17 种汉语大方言、97 个方言片、101 个方言小片①，其中的民族语方言是民族通用语的地域变种且包括汉语方言，但除通用语之外，语言和文字不一定完全对应，有些民族有语言无文字（如甘肃的东乡族、保安族、裕固族），有些民族没有自己的语言和文字（如回族）。基于对外交流的需要与国际传播交流的影响，英语、日语、俄语、法语、德语、西班牙语六种外语通用语已经列入我国基础教育课程体系作为外语选项。但个体的语种选择不局限于基础教育阶段的国家通用语、民族通用语、外语通用语等国家课程，还可以通过地理空间变化和主观能动性发挥具备更多语种的运用能力。以出生在我国少数民族方言地区的个体为例，他很可能通过自然习得最先掌握了少数民族方言，基础教育阶段掌握国家通用语言、第一外语并可能掌握本民族通用语，此后，受城市化和升学的影响，他还可能学会第二外语、汉语的某种方言乃至外语的方言，纵观其人生轨迹，可以看出个体语言态度的选择范围能够不断向外拓展。

语体风格取向也反映了语言态度。我们以冯胜利的语体系统②为基础，将语体分为两条坐标轴，横轴正负相对的是正式语体与随意语体，纵轴正负相对的是典雅语体与时尚语体（现代网络语），处于两轴交汇的是通俗语体。四个方向代表四种典型取向，但语言实际运用时，可能因受众、场景、目的的影响而与两轴产生偏离，如演讲比赛中旁征博引经典古诗词而形成典雅正式风格，平时上课使用典雅语句而形成的典雅随意风格，平时上课为拉近距离使用正向网络语而形成的时尚随意风格，毕业典礼校长致辞为拉近距离使用网络新词而形成的时尚正式。

---

① 范俊军，肖自辉. 中国语言和方言语种分类及编码规范问题［J］. 暨南学报（哲学社会科学版），2022，44（03）：1 - 9.

② 冯胜利. 论语体的机制及其语法属性［J］. 中国语文，2010（05）：400 - 412，479.

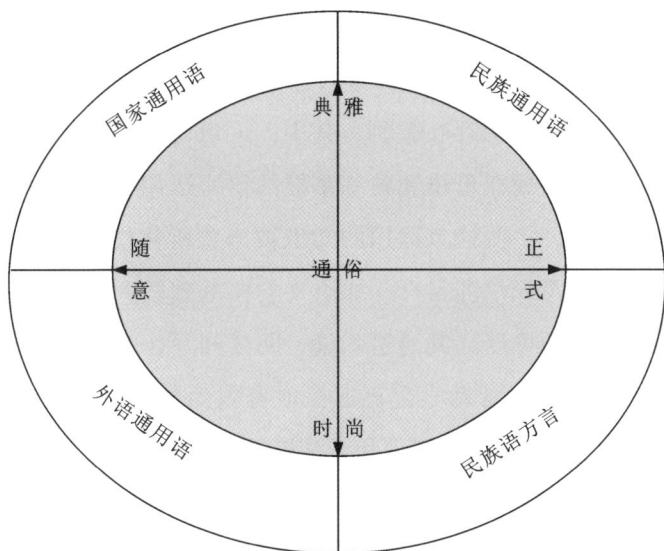

图 1 - 2　语言态度结构

四、建构尊重差异的语言监控网

关于语言教学监控，目前已经形成的共识包括教—学—评一致及其三因素协调①，尽量创设真实运用情境进行评价，多元化运用信息技术和人工智能技术，同时将语言知识、语言运用等显性根性和语言态度、语言意识等隐性要素纳入监控等。除将上述共识落实于教育教学实施之外，还需要特别注意监控时尊重差异，包括：

第一，针对学生语言能力发展的不同阶段给定监控标准。幼小阶段以言语规范为主，小学高年级和初中注重言语偏离，高中及大学培养言语控制的能力。其中的规范指语用的基本要求，是社会中约定俗成必须遵守的基本语言运用规则；偏离是相对于语言错误的正向偏离，它不仅包括修辞，还指对基本语言规则的陌生化，能让语言使用者通过独特的语言表达自我；控制是语用的最高层次，指交际者能使话语行为不任意扩散的控场力，它

---

① 崔允漷，雷浩. 教—学—评一致性三因素理论模型的建构［J］. 华东师范大学学报（教育科学版），2015，33（04）：15 - 22.

能帮助交际者根据语用环境成功完成言语交际。①

第二，针对语感与语识的差异进行区别化监控。在学习和运用不同语种时，所具备的语言意识存在差别，其中，语识通常存在于第二语言的学习中，语感则更多出现在母语和熟练掌握的语言运用中，所以在母语教育中往往会忽略语识，一些语言运用的知识被语感所替代，所以教师需要明确不同学段的语言意识培养目标，如语文学科基础教育的低年级段学生需要语感的培养，教师可以让其通过朗读、阅读和写作对所接触的语言文字产生直感，这种直感能帮助学生迅速提取有效信息，正确领会语境感情，捕捉言外之意；② 对于有语言知识和语感积累的高年级段学生，教师可以增加语识的教授，让其在正确运用的基础上知晓语言现象背后的语言规律，从而实现理性知识的转化与语言监控力的提升。

第三，区别对待教师作为自身语言意识的监控者与学生语言意识的引导者③。其中，教师对自身语言意识监控的内容包括语言知识、语言文化、语言运用、语言态度等要素。语言意识监控意识强的教师在备课时会评判教材，圈定重点的语言知识和语言文化，创设情境让学生参与活动或沉浸于模拟场景中学习语言运用；课堂中使教学语言（书面或口头）清晰、准确且得体，客观评判学习者的语言输出，遇到学生的问题和错误，发挥教学机智调动师生共同思考；课后，有语言意识的教师会主动反思整堂课的教学实践，完善学科知识和教学技能的不足。所以，教师自我监控意识应贯穿整个教学过程，要对语言的输入和输出都进行"过滤"。而不管是监控自身语言意识还是引导学生语言意识，都需要从理解评价、实施评价、解

① 曾晓洁. 规范·偏离·控制：母语素养的层级结构及其教育学启示 [J]. 湖南科技大学学报（社会科学版），2013，16（06）：128 – 130.

② 付霆轶. 语言教学中的语感研究 [J]. 语文建设，2017（08）：77 – 78.

③ 教师作为自身语言意识的监控者与学生语言意识的引导者所要求的相关能力，类似于刘大为在《语言知识、语言能力与语文教学》一文中提出的"元语言能力"，该能力由三个部分构成：控制、驾驭语言能力的能力，对自己或别人的话语进行分析、评价及调整校正的能力，以及语言能力自我发展的能力。

释和运用评价结果、元评价等维度提高教师评价素养①，并在评价理论和实践结合的基础上发挥语言评价的本质功能，真正做到以评促学和以评促教。

第四节　教育视角语言能力结构的重要意蕴

一、弥补课程标准中的概念缺失

通过考察最新的各语言学科义务教育课程标准可知，语言能力结构六要素在教育领域中的发展具有不平衡性。其中，与课标表达完全一致的有"语言知识""语言文化""语言运用"，三者兼具完整性和时代性，如课标倡导建构结构化的知识、关注情境化的语言运用及提升文化的价值性，从中华优秀传统文化、革命文化、社会主义先进文化延伸到国际跨文化意识。与之相对，"语言评价""语言态度""语言意识"在课程标准中的出现却要隐讳得多，如：学业质量涉及了与语言评价相关的泛化朗读标准，但无准确的语言评价定义，也没有可以在真实情境中操作的指标；语言态度多以情感态度价值观及言语态度的表述出现在课标中，没有涉及语种选择和语言取向的阐释；语言意识在课标中的定义尚未明晰，课标中只出现了对语言的无意识即语感的表述，缺少对语言反思意识的关注。而对教育视角的语言能力进行建构，则可以弥补课程标准对某些语言能力要素的关注缺失，有利于从理念层面强化复合型语言能力，推动教师进行教学实践。

二、引领提升三层面语言能力

回顾近年国家语言文字生活和政策报告，可以发现当前的个体、社会和国家语言能力提升的着力点主要涉及六要素中的语言知识、语言文化和语言运用，如面向国内的国家通用语言文字普及推广、语言文字规范建设，

---

① 盛雅琦，张辉蓉．新时代教师评价素养的内涵解构、价值意蕴及测评框架［J］．课程·教材·教法，2022，42（05）：146－152.

面向国外的中华优秀语言文化传承传播工作，面向教育领域的大学语文教育、大学生语文素养提升、大学外语教育及中小学语文知识教学等。如以语言能力结构模型为参照，则未来的语言能力提升要增加语言态度、语言评价、语言意识等要素的比重，以此促进个体、社会和国家三方面的语言能力均能复合均衡发展。具体建议包括：首先，面向个体的语言教育。国家需进一步增设基础教育阶段可供选择的语言课程种类，教育研究者需着力构建合理的语言评价系统，教师在教学实践中则要加强语言态度和语言意识的培养。其次，面向社会的语言生活。研究者需构建具有职业特性的语言评价标准，以此促进公民在掌握职业语言能力的基础上，形成具有个性的语言风格。最后，面向国家的语言安全。语言人才在战略资源中占据着重要地位，国家在保持当前推广国家通用语言文字力度的同时，应为多语种学习者提供足够的物质资源和政策保障，从而促使更多人自愿学习和保护本国语言文化资源，关切并有能力维护国家语言安全。

当然，个体、社会和国家的语言能力提升是一个不断螺旋上升的闭环，学校是该闭环能够螺旋上升的关键场域，所以，相关力量要聚力优化学校的语言教育，使其成为通向国民心灵陶冶的桥梁与国家话语权争夺的主阵地①，并最终实现个体语言能力向社会、国家语言能力的转化。

---

① 陈汝东. 我国语言教育的国家战略意义及发展趋势［J］. 安徽师范大学学报（人文社会科学版），2014，42（02）：197-203.

第二章
语言教育政策：解读视角与历史演进

政策是党和国家为贯彻落实一定历史时期的路线方针而制定的行动准则。语言教育政策指以政府为主体为实现其特定的语言教育目的针对全体公民而颁布的一系列法令、法规及政策性的纲领性和指导性文件。小学教育政策是我国语言教育政策的有机组成部分。我国有 129 种语言①，分为 6 个语系、12 个语族、近 20 个语支及无数的小方言②，各时期语言教育政策的数量、内容及价值取向的变化，既反映了国家发展战略重心和区域建设重点的转移，也折射出我国经济社会发展对语言教育规划的影响，历来就在我国政治、经济、文化生活中占有较重要地位。采取合适的视角解读国家语言政策，不仅有利于理解语言政策的变迁，更有利于理解现行政策的成因，对做好新时代语言教育工作具有十分重要的意义。

第一节　历史制度主义的解读视角

自 20 世纪 90 年代以来，历史制度主义作为新制度主义的三大流派之一，在西方政治学的影响日益广泛，逐渐成为独树一帜和广为流传的分析

---

① 孙宏开，胡增益，黄行. 中国的语言［M］. 北京：商务印书馆，2007：序 3.
② 郭龙生. 试论中国语言多样性的利弊得失［C］. 徐大明. 中国语言战略研究. 上海：上海译文出版社，2012：124.

范式。1992 年，瑟伦等人首次明确了"历史制度主义"的概念，① 以制度为核心作为基本研究内容，主要关注制度在社会变迁中何以形成，制度如何约束个体行为，制度如何与个体互动等问题。② 历史制度主义在狭义上将制度视为"嵌入政体或政治经济组织结构中的正式或非正式的程序、规则、规范和惯例"③。广义上认为制度是扎根于政体的组织结构或政治经济中的正式或非正式的程序、惯例、规范等，它们包括宪法规则、官僚标准的执行程序等，制度本身就是一个行动主体。④ 综合上述两种对制度的定义，制度的组成结构包含：组织结构，本身即制度；正式制度安排；非正式程序和规则。历史制度主义主要包括结构观和历史观两个分析维度，基于对制度变迁历史过程的追溯来体现复杂结构关系，对制度的产生和发展的规律作出全貌性的探索和解释，最终搭建起"宏观结构、中观制度、微观行动者"的理论支架，因其优势在于对解释教育政策具有较强的论证性和权威性，所以本研究认为历史制度主义分析范式对研究我国民族地区语言教育政策的变迁逻辑具有较强的可行性。历史制度主义分析框架包括宏观情境中的深层结构、中观制度下的路径依赖、微观行动中的动力机制三个层面，通过把历史和结构等多种要素整合到固定的解释性框架当中，最终总结出制度变迁的规律性机制，如图 2-1。历史制度主义思考的核心问题是：第一，究竟是什么力量推动了制度的变迁？即多重环境作用下的外在动力和利益行动者之间的博弈的内生动力。第二，制度作用的内部结构是怎么样的，它们之间是如何作用的，即制度的稳定与赓续问题，也就意味着旧制度和新制度之间的关系问题。二者之间的关系可以概括为制度变迁导致制度作用的变化，反过来制度作用也推动了制度变迁的产生。⑤

---

① STEINMO S, THELEN K, LONGSTRETH F. Structuring polities: historical institutionalism in comparative analysis [M]. Cambridge: Cambridge University Press, 1992.

② 刘圣中. 历史制度主义：制度变迁的比较历史研究 [M]. 上海：上海人民出版社，2010：139.

③ 彼得·豪尔，罗斯玛丽·泰勒，何俊智. 政治科学与三个新制度主义 [J]. 经济社会体制比较，2003（05）：20-29.

④ 朱德米. 新制度主义政治学的兴起 [J]. 复旦学报（社会科学版），2001（3）：107-113.

⑤ 刘圣中. 历史制度主义：制度变迁的比较历史研究 [M]. 上海：上海人民出版社，2010.

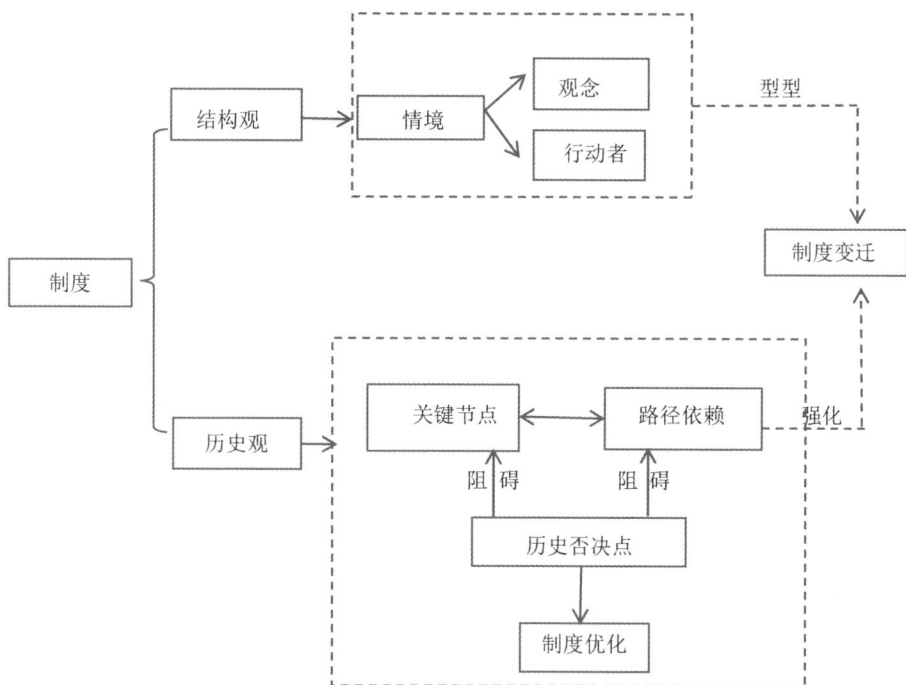

图 2 - 1　历史制度主义分析框架

一、深层结构：受到宏观情境的深度影响

在一般意义上，"结构"是指某种稳定的形式中相关角色、人群之间固定化的关系的一种形式，它在很大程度上也可以等同于政府和政治的正式组织或制度，有时甚至可以与"制度"换用。① 结构观的主体往往作用于具体的历史情境，其核心要义是洞察制度变迁中宏观、中观与微观等结构性要素之间交互作用的深层机理，探究制度变迁是如何在这些结构性要素的影响下作用于宏观历史情境，从而推动制度变迁。历史制度主义认为，任何事件的发生都离不开特定的历史情境，行动者的行为偏好、观念意识随着制度情境的变化而变化。② 所以，历史制度主义结构观的前提在于只有将

---

① 吕普生. 中国行政审批制度的结构与历史变迁——基于历史制度主义的分析范式 ［J］. 公共管理学报，2007（01）：25 - 32，121.

② ［韩］河连燮. 制度分析：理论与争议 ［M］. 李秀峰，柴宝勇，译. 北京：中国人民大学出版社，2014：27 - 28.

关键或者重要的制度变迁置于特定的历史情境中，才能深入地探究制度变迁背后的深层逻辑。制度变迁并非孤立存在，制度的供给深深嵌入社会制度的深层结构系统中，这一"制度的深层结构"主要是指宏观的社会结构，它决定着制度的形成机制和变迁方向。① 综上所述，制度分析应深入社会系统的宏观因素与深层结构当中，考虑到时代经济、政治、文化等多重因素影响，从而寻找制度背后更具普适性意义的关键要素，用来解释复杂的制度变迁现象。

二、路径依赖：具有自我强化的惯性驱动

历史观中的路径依赖存在历时和共时之间的紧密联系，以动态的视角探究制度的历时性变迁。"制度设计者过去的抉择决定了制度现有选择的可能性"②。路径依赖具有广义与狭义之分。前者是指过去的制度安排会对后续的制度结果产生影响，新制度仍旧保留旧制度的一些特征，受到旧制度的约束和限制。后者则是指制度一旦形成，由于社会资源与利益要素的回报不断增强，改变或是放弃这一制度的成本就变得昂贵，制度将沿着既定方向不断延续。③ 因此，路径依赖从中观制度视角出发，认为制度具有自我强化能力，具体表现为制度场域具有赓续性和固定性，一定程度上原有制度所产生的惯性会对后期新制度安排和路径变迁的发展可能性带来持续影响。同样，"路径依赖"在政策变迁的历程中也具有不确定性和多端性，在不同的宏观情境中所产生的效果不一，带有积极性和消极性的双边属性。某些制度形成后，效率随着生产活动的受阻而降低，此时制度会陷入一种恶性的"锁定"状态。但无论方向是否正确，路径依赖的自我强化机制保

---

① 牛凤蕊，沈红.建国以来我国高校教师发展制度的变迁逻辑——基于历史制度主义的分析[J].中国高教研究，2015（05）：74－79.

② 道格拉斯·C·诺斯.制度、制度变迁与经济绩效 [M].杭行，译.上海：格致出版社，2014：116.

③ James Mahoney，"RPath Dependence in Historical Sociology"，T heory and Societ y，Vol. 29，No. 4，2000，pp. 507－548.

证了制度的稳定性。① 但制度的"路径依赖"惯性驱动现象并不意味着制度的一成不变，它也会在特定时间节点发生"突变"。而这样的"突变"，对于制度变迁的路径重新选择具有决定性意义。这样的"突变"在历史观中被称作"关键节点"。一个又一个关键节点发生于制度运行过程中，往往是特定时刻的重大政治事件或者重要历史事件，这些导致"路径依赖"失灵，自我强化的惯性驱动失效，最终使得制度的运行发生了方向性的改变。所以，历史制度主义认为，制度的演进主要由两个部分组成，即制度赓续的"稳定时期"和制度突变的"关键节点"。在制度的"关键节点"的突变时刻，同时也会面临制度的"历史否决点"，即制度的一系列薄弱要素的存在将阻碍制度的进一步变革。

综上，"关键节点"和"历史否决点"之间的互相博弈一定程度上影响了制度的赓续与变迁。进一步来说，"路径依赖"受"关键节点"的制约，会产生与此前制度不同的较大转向；而"关键节点"受"路径依赖"波动的影响，会发生"突变"，这些都在一定程度上受到了制度的一系列薄弱要素的影响，也就是受到了"历史否决点"的阻碍作用。最终，在"关键节点"和"历史否决点"的相互作用下，制度会发生与此前制度不同的转向，寻求进一步优化，发生历史意义上的制度变迁。

三、动力机制：依赖政治主体的强制推动

动力机制的运行分析从微观行动者视角出发，主要察明制度变迁中具体行动主体的运行状况。动力机制的基本假设认为，行动主体非对称性的权力分布推动了制度变迁。② 也就意味着行为者处于聚集的制度矩阵当中，制度相关行动者在制度发展过程中的多边互动和利益竞争成为其动力机制的基础。制度的变迁归根结底是由制度与行为的互动来推进的，这些行为

---

① 黄敏璇. 渐进性调适：中国基层协商民主制度的演进逻辑——基于历史制度主义的分析 [J]. 社会主义研究, 2022 (02)：117–124, 148.

② HALL P, TAYLOR R. Political science and the three new institutionalisms [J]. Political studies, 1996 (5)：936–957.

主要是制度关涉对象如当权者、政府职能部门和社会公众的行为。① 因此制度的动力机制的运行是在一定条件下多个行动者之间博弈而达成均衡的状态，其影响因素有内生的机制内部因素和外生的机制外部因素两类。

总之，历史制度主义的理论特征具有典型的中观方法论的特点。自彼得·豪尔与罗斯玛丽·泰勒联合发表《政治科学与三个新制度主义》以来，历史制度主义从众多制度主义中脱颖而出，饱受西方学者青睐，并于 20 世纪末传入我国。因为偏向从相对广泛的意义上来审视制度与政治行动者之间的互动关系，强调制度生成和运转环节中权力格局的非均衡性；重视路径依赖引致的制度连续性的同时也关注历史偶然性带来的意外后果，且注重将制度与其他政治变量整合起来进行综合研究②，所以，历史制度主义具备天然的内在融合性和极强的包容性、解释力③，在进入我国后也不断被学者们加以运用。

第二节　20 世纪以来的民族地区语言教育政策

一、20 世纪上半叶的双语教育萌芽

通读《中国民族教育政策法规汇编》发现，面向民族地区开展一种以上语言教育是我国 20 世纪以来的一贯政策。较早的文献是 1913 年蒙藏事务局直隶学校的《蒙藏学生章程》，其中规定蒙藏学生"本科"④ 所授科目包括了汉文、汉语、蒙文/藏文。1930 年《教育部蒙藏教育实施方案要目》要

---

① 吕普生. 中国行政审批制度的结构与历史变迁——基于历史制度主义的分析范式 [J]. 公共管理学报，2007（01）：25 – 32，121.

② 何俊志，任军锋. 新制度主义政治学译文精选 [M]. 朱德米，译. 天津：天津人民出版社，2007：49.

③ [英] 乔万尼·卡波齐亚. 制度何时大显身手：历史制度主义与制度变迁的政治分析 [J]. 马雪松，译. 国外理论动态，2020（2）：99 – 111.

④ "本科"是与"预科"相对的一个概念。

求"编印蒙汉文及藏汉文合璧之各级学校教科书""筹办蒙汉文及藏汉文合璧之报章杂志等读物""编印蒙汉文及藏汉文合璧之标准字典辞典"，一本书里的内容用两种文字双份记录，是双语教育的典型形式。此后的双语教育，在对象上都体现了从较低年级即开始的态度，比如1931年《教育部订定边疆教育实施原则》《教育部实施蒙藏教育计划》均要求中等以下学校的蒙藏文与汉文合编，1939年《推进边疆教育方案》更进一步将小学分为初级、中级、高级的教科书使用语言作出区别要求，其中初级、中级"以国语为主体，以蒙藏回等语文为副"，高小及以上学校"以国语国文编订为原则"。

进入解放战争时期后，双语教育的要求有所放松，如1945年《教育部公布边疆初等教育设施办法》规定边疆地区可以视地方实际需要，在国语与本民族语中"同时教学或任择一种教学"；1946年《骆美奂关于新疆之教育报告记录》也记录了当时新疆各族语言教育的情况是"编定各科教材，分译为各族文字，印发应用"，且表扬这种方法使得各族儿童由过去的畏学变为了"相率入学"，因此称赞这是"有效的过渡方法"，建议"到教育的基础已经奠定，渐渐加教国文"。

二、中华人民共和国成立后的双语教育发展

中华人民共和国成立后，在当时大力推动语言文字改革以接近民众需要的大背景下，对少数民族语言发展持支持态度。1949年9月29日，《中国人民政治协商会议共同纲领》提出"各少数民族均有发展其语言文字、保持或改革其风俗习惯及宗教信仰的自由"。1956年，中华人民共和国高等教育部下发《关于优先录取少数民族学生的通知》，考虑到当时少数民族考生汉语基础较为薄弱的现实，要求"只要他们的学科成绩达到最低录取标准，汉语程度估计能够听懂讲课，则予以优先录取"。1977年，《国务院关于八省、自治区蒙古语文工作协会会议情况报告的批复》要求"有蒙古族学生的中、小学，要积极创造条件，增设蒙语授课班级，安排好蒙汉文课程比重，积极解决蒙语授课和蒙古语文教学问题"且在附件三中要求"蒙古族中小学，以蒙古语文授课为主。根据各地不同条件，适当安排蒙汉文授课比重"。

1984年，制定2001年修正的《中华人民共和国民族区域自治法》要求

"招收少数民族学生为主的学校（班级）和其他教育机构，有条件的应当采用少数民族文字的课本，并用少数民族语言讲课"，但修订版同时也要求"根据情况从小学低年级或者高年级起开设汉语文课程，推广全国通用的普通话和规范汉字"。1988 年，国家教委、中共中央统战部、国家民委、国务院西藏经济工作咨询小组《关于印发〈关于改革和发展西藏教育若干问题的意见〉的通知》要求"根据西藏绝大多数人通用藏语，藏文字历史悠久，为民族文化发展起过重要作用等情况，要重视藏语文的学习和使用。在学校教育中要积极创造条件首先学好藏语文，加强藏语文教学，在基础教育阶段应以藏语文教学为主"，但为了在学好藏语文的同时打好汉语文的基础，逐步做到"在高中毕业时能够藏汉兼通"，也同时要求"西藏学校要积极创造条件，初中逐步实行以藏语文教学为主，加授汉语文；高中以汉语文授课为主，加授藏语文，同时学习一门外国语"。

三、20 世纪 90 年代以来的国家通用语言文字推广

一方面，随着国家语言文字发展基本政策的调整及 1985 年年底中国文字改革委员会更名为国家语言文字工作委员会，从 20 世纪 90 年代初开始，我国民族地区语言教育政策由"优先民族语教育的双语教学"转变为"二者兼重的双语教学"。1992 年国家教委《关于加强民族散杂居地区少数民族教育工作的意见》正式规定"对要求学习本民族语言文字的少数民族学生，要积极创造条件进行双语教学"。1993 年《民族乡行政工作条例》规定"民族乡的中小学可以使用当地少数民族通用的语言文字教学，同时推广全国通用的普通话"。1995 年制定 2015 年修订的《中华人民共和国教育法》规定"国家通用语言文字为学校及其他教育机构的基本教育教学语言文字"，虽然民族自治地方以少数民族学生为主的学校及其他教育机构"可以使用本民族或者当地民族通用的语言文字进行教学"，但要"从实际出发，使用国家通用语言文字和本民族或者当地民族通用的语言文字实施双语教育"。2002 年《国务院关于深化改革加快发展民族教育的决定》要求"教育对口支援工作要帮助西藏、新疆加强双语师资特别是汉语教师的培养和支教工作"，且"少数民族和西部地区教师队伍建设要把培养、培训'双

语'教师作为重点，建设一支合格的'双语型'教师队伍"和"大力推进民族中小学'双语'教学"。2005 年教育部、国家民族事务委员会《关于进一步做好民族地区寄宿制中小学管理工作若干问题的意见》也提出"认真做好民族地区寄宿制中小学教育中少数民族语文和汉语文（以下简'双语'）授课工作。民族地区寄宿制中小学要把'双语'教学作为学校的特色重点抓好抓实，提高学生汉语的运用能力"。2009 年中共中央宣传部、国家民族事务委员会《党和国家民族政策宣传教育提纲》明晰"国家支持少数民族和民族地区教育事业发展，兴办民族院校和民族中小学，开展'双语'教学"。2010 年《国家中长期教育改革和发展规划纲要（2010—2020 年)》要求"大力推进双语教学。全面开设汉语文课程，全面推广国家通用语言文字"。2011 年教育部办公厅《关于做好少数民族双语教师培训工作的意见》规定"积极稳妥、科学有序推进双语教育，建设一支与双语教育发展相适应的教师队伍，……支持中西部省区进一步加强少数民族双语教师培训工作"。2011 年《关于印发扶持人口较少民族发展规划 2011—2015 年的通知》强调要"大力推进双语教育，开发少数民族语言教学资源，加强双语教学质量监测和双语师资队伍建设"。2013 年教育部《关于印发〈民族中小学汉语课程标准（义务教育)〉的通知》明晰"少数民族学生在学习和使用民族语言文字的同时，应该加强对国家通用语言文字的学习和使用"，要求各地"认真组织开展对民语授课为主、单科加授汉语的义务教育阶段学校的汉语教师、校长及各级汉语教研员的培训，帮助他们全面理解、深入领会和准确把握修订后汉语课程标准的精神实质和主要变化"。2014 年《教育部办公厅关于印发〈全国民族教育科研规划（2014—2020 年)〉的通知》中列出了关于双语教育基础理论、实践模式、质量监测体系、学前与义务教育阶段双语教育衔接、双语课程教材开发和资源建设、双语教师培养培训、双语教育教学规律、双语学生学习规律、国内外双语教育理论和实践模式比较等一系列研究课题。

另一方面，2001 年正式实施的《中华人民共和国国家通用语言文字法》确立了普通话、规范汉字为"国家通用语言文字"的法定地位，与此相适应，民族地区的通用语言文字教育加快了进程。尤其是十八大以来，以习近平同志为核心的党中央高度重视语言教育，习近平总书记多次作出重要指示和批示，强调要"推广国家通用语言文字，努力培养爱党爱国的社会主义事业建设者和接班人"，"要搞好民族地区各级各类教育，全面加强国家通用语言文字教育"，强调"要认真做好推广普及国家通用语言文字工作"，为新时代推广普及国家通用语言文字提供根本遵循和行动指南。① 党的十九届五中全会提出要"提高民族地区教育质量和水平，加大国家通用语言文字推广力度"，二十大报告继续明确要"加大国家通用语言文字推广力度"。与大力推广国家通用语言文字相匹配的，一是 2015 年以来教育部、国家语言文字工作委员会大力开展的中国语言资源保护工程，该工程利用现代化技术手段，按照统一的工作和技术规范，开展对少数民族语言和汉语方言的调查、保存、展示和开发利用等工作。二是 2019 年以来统编语文教材成为包括边疆民族地区在内的全国中小学统一必用教材，该政策得到了党中央的高度支持，如 2021 年习近平总书记在参加十三届全国人大四次会议内蒙古代表团审议时也专门指出，"要认真做好推广普及国家通用语言文字工作，全面推行使用国家统编教材"②。

第三节　现行语言教育政策的任务与目标

一、推进中国式现代化的总体要求

全面加强语言教育，对于推进中国式现代化具有特殊意义。习近平总书记曾在 2021 年中央民族工作会议上强调"推广普及国家通用语言文字，推动各民族共同走向社会主义现代化"③，此后，党的二十大报告又对中国

---

① 王敏. 全面加强国家通用语言文字教育 [N]. 人民日报，2021 – 05 – 10 (17).

② 龚亮，高平，王昊魁，等. 奋发有为　在新征程上书写内蒙古发展新篇章 [N]. 光明日报，2021 – 03 – 06 (2).

③ 以铸牢中华民族共同体意识为主线　推动新时代党的民族工作高质量发展——李克强主持　栗战书王沪宁赵乐际韩正出席　汪洋讲话 [N]. 人民日报，2021 – 08 – 29 (1).

式现代化作出重要论述，系统并且深刻地阐释了中国式现代化的科学内涵和特征，即中国的现代化是"人口规模巨大的现代化""全体人民共同富裕的现代化""物质文明和精神文明相协调的现代化""人与自然和谐共生的现代化""走和平发展道路的现代化"。国家通用语言文字教育是语言教育的核心，学习和使用国家通用语言文字，对于促进少数民族在各领域的发展进步具有奠基性和引领性作用，是推动各民族共同富裕、实现物质文明与精神文明现代化以及促进各民族广泛交往、交流、交融的关键举措，既体现了民族地区语言教育的现代化要素和社会主义要素，也为我国作为庞大的多民族国家走向现代化的路径探索提供了重要指引和方向。

中国式现代化，就是要各民族发展经济、民生改善，实现共同发展、共同富裕[①]，促进民族地区经济发展，首要的是解决民族地区劳动力素质较低的问题。20 世纪 60 年代，美国经济学家雅各布·马尔沙克（Jacob Marschak）由语言的交际成效所带来的直接效益揭示了语言的经济学特征，继而语言知识、语言技术被视为经济资源，语言能力、语言素质也成为人力资本的构成要件。[②] 研究表明，语言交流障碍是影响劳动力在市场上流动的制约因素之一，语言能力也逐渐成为"第二生产力"。[③] 随着中国经济社会发展进入新时代，语言作为人力资本、公共产品所附带的经济资源价值日渐凸显。基于语言对于实现人际交往、信息交流、知识获取等的积极作用，以及中华各民族对建成社会主义现代化强国的共同愿望，民族地区语言教育在脱贫减贫中的积极作用也备受重视。

在此背景下，各民族交往、交流、交融日益密切，各民族群众学习和使用国家通用语言文字的意愿更为强烈。由于长期使用民族语言进行教学，民族地区普通话普及率较低，教育发展相对缓慢，相关人才相对不足，制

---

① 以铸牢中华民族共同体意识为主线　推进新时代党的民族工作高质量发展的纲领性文献　深入学习贯彻习近平总书记在中央民族工作会议上的重要讲话 [J]. 中国民族，2021（11）：54 – 57.

② 石琳. 民族地区推广国家通用语言文字与铸牢中华民族共同体意识的协同共进路径 [J]. 民族学刊，2021（08）：46 – 53，125.

③ 卞成林，阳玉平. 全方位、多维度铸牢中华民族共同体意识——广西民族大学党委书记、博士生导师卞成林教授访谈 [J]. 社会科学家，2020（05）：3 – 8，162.

约了民族地区的经济发展。而普通话普及率低、教育落后，则成为贫困民族地区的特征之一，也是我国精准扶贫战略的主要障碍和建设社会主义现代化强国的短板所在。为了补齐民族地区语言教育的短板，国家于 2018 年又出台了三项关于"推普扶贫"的政策，分别为 2018 年 1 月教育部、国务院扶贫办出台的《深度贫困地区教育脱贫攻坚实施方案（2018—2020 年)》，2018 年 1 月，教育部、国务院扶贫办、国家语委出台的《推普脱贫攻坚行动计划（2018—2020 年)》，以及 2018 年 7 月国务院扶贫办综合司、教育部办公厅出台的《关于开展"学前学会普通话"行动的通知》。这些都充分说明国家经济发展的大环境促使了对语言观的再认知和语言价值观的拓展，成为政策变迁与转型的外部力量，对我国民族地区语言教育政策的演进产生重要影响。

当前，国家正在大力构建国内国际双循环新发展格局，民族地区在国家政策扶持下也在大力引进微型企业，积极发展旅游经济、庭院经济，鼓励创业，努力形成本地经济贸易。出台相关语言教育政策，进一步促进民族地区语言教育优良发展，可以帮助民族地区跨越与发达地区之间的语言鸿沟，助力民族地区快速融入国内国际双循环体系中，加速民族地区现代化进程，为实现共同富裕夯实基础。就推进国家通用语言文字教育来说，微观上，可以使少数民族劳动力挣脱语言羁绊，提升劳动力素质水平和就业创业能力；宏观上，可以让民族地区整体跨越语言壁障，进一步提高经济发展内生动力，快速融入当下国家经济新发展格局。

二、构建中华民族共同体的文化要求

语言圈具有民族认同的"镜像"功能，对促进中华民族文化共同体的形成具有重要作用。语言圈是指语系不同而具有相同或相似结构类型特征的语言所构成的语言集团，① 往往具有一定的空间范围、大小的变动、时间的扩散等特征。由此可知，无论是共时的还是历时的语言圈，究其本质都可以围绕着语言趋同现象，研究论证其形成过程。例如一些学者认为"地

---

① 王莉．基于文化圈理论的语言圈层问题初探［J］．新疆社会科学，2008（06）：103–106.

理上邻近的不同语言在长期接触中会造成语言结构的变异，本来不同类型的语言也出现某种类型上的相似"①。以新疆为例，从地理位置和历史演变上来看，新疆地区自古以来就是四大文明、三大语系（汉藏语系、印欧语系、阿泰语系）的交汇地，但相关调查发现新疆汉语受突厥语影响，语序和形态上发生显著变化，而突厥语受汉语影响，语法结构愈发多样。事实上，在国家语言教育政策的影响下，少数民族语言与汉语相互作用、相互影响，存在较明显趋同现象，有助于形成集合性的语言圈。

与此同时，中华民族文化共同体的形成，也需要基于共同的价值观念系统及与该价值观念系统紧密相关的符号共同体支撑，需要政府对统一文化、语言和典章制度进行强力支持。因为国家层面的语言规范，其实就是搭建起一条"语言的纽带"，建立一个"符号共同体"，形成对全体社会成员的行为规范，对公民获取同等的政治、文化和经济权利，都具有现实的工具性。② 基于此，《国家中长期语言文字事业改革和发展规划纲要（2012—2020 年）》指出"语言文字是国家的战略性文化资源……是维护国家主权、尊严和核心利益的战略需要，是促进国家统一、民族团结、经济发展、社会进步、提升我国国际地位和国际影响力的迫切要求"③，而党的二十大报告也再次明确强调要"加大国家通用语言文字推广力度"。

三、实现优质均衡发展的教育要求

教育优质均衡发展的前提性概念是"公平"。教育公平的一般意义是强调教育的平等、公正和合理④，包括个体接受教育的起点、过程和结果的公平。《中华人民共和国教育法》（2021 年第三次修正）第九条明确提出"中

---

① 余志鸿. 语言接触与语言结构的变异［J］. 民族语文，2000（04）：23 – 27.

② 傅才武，严星柔. 论建设 21 世纪中华民族文化共同体［J］. 华中师范大学学报（人文社会科学版），2016，55（05）：63 – 74.

③ 教育部，国家语言文字工作委员会. 国家中长期语言文字事业改革和发展规划纲要（2012—2020 年）［EB/OL］.（2012 – 12 – 04）［2023 – 11 – 14］. www. moe. gov. cn/srcsite/A18/s3127/s7072/201212/t20121210_ 146511. html.

④ 冯建军. 教育基本理论研究 20 年（1990—2010）［M］. 福州：福建教育出版社，2012：630.

华人民共和国公民有受教育的权利和义务。公民不分民族、种族、性别、职业、财产状况、宗教信仰等，依法享有平等的受教育机会"。因此，我国以法律的形式确保我国公民享有平等的教育权。从根本上来说，自 1986 年我国实施《中华人民共和国义务教育法》以来，我国公民接受教育的权利就已得到了法律层面的稳固保障。

实现教育公平，必须涉及教育资源的公平配置，涉及"教育资源配置的三种合理性原则，即平等原则、差异原则与补偿原则"①。语言教育资源配置平等是语言教育公平的基本前提和保障，是语言教育公平的本质要求。国家通用语言文字普及，本身就是一种教育资源的合理性配置。不仅我国政治、经济、文化等诸多领域都广泛使用国家通用语言文字，当前世界各国的完整历史文献资料、优秀文化成果和我国社会现代化发展所需要的最新科技成果，绝大多数也是以国家通用语言文字为载体进行发布和报道的。此外，国内各种人文活动，也都需要使用国家通用语言文字进行交流。更为重要的是，"互联网＋时代"的各大网站、App 等也都普遍使用国家通用语言文字。由此，不难看出普及国家通用语言文字，对获取信息、促进个人及社会均衡平等发展的重要性。②

教育资源配置的差异原则，是指根据受教育者的具体情况来分配教育资源，做到不同情况不同对待。③ 差异意味着不同，但是蕴涵了公平。我国55 个少数民族的地域发展水平、文化习俗、信念信仰不尽相同，通过语言教育政策的宏观调节功能，建立全国性的、区域性的乃至校际的语言教育资源配置的均衡机制，能够逐步缩小各民族不同水平的地区、学校教育水平的差距，促进教育的均衡发展和教育公平的实现。这也就要求国家在配置语言教育资源时，摒弃提供整齐划一同质性教育的公平观念，遵循语言

---

① 褚宏启. 关于教育公平的几个基本理论问题 [J]. 中国教育学刊, 2006 (12): 1 - 4.

② 中国报告网. 2010—2014 年中国少数民族文字图书出版产业运营现状及发展机遇浅析 [EB/OL]. (2016 - 03 - 25) [2019 - 09 - 16]. http://market.chinabaogao.com/wenhua/032523N2H016.html.

③ 褚宏启, 杨海燕. 教育公平的原则及其政策含义 [J]. 教育研究, 2008 (01): 10 - 16.

教育资源配置的差异原则，通过完善语言教育体系结构，提供多样化的语言教育资源或多样化的评价机制，让民族地区学生享有更多选择的自由，获得更多发展的可能性，以更好培育民族地区的社会主义接班人。

教育资源配置的补偿原则，是指关注受教育者经济社会地位的差距，对经济社会地位处境不利的受教育者在教育资源配置上予以补偿。罗尔斯认为，差别补偿原则是只允许那种能给最少受惠者带来补偿利益的不平等分配，任何不平等的利益分配都要符合最少受惠者的最大利益。[1] 在自然社会条件下，受地理环境和经济发展条件等诸多因素影响，教育资源配置往往差异显著，教育资源配置的补偿原则则要求根据受教育者经济社会地位的差距，有意地使教育资源向处境不利者倾斜，以达到教育公平之目的。这样配置资源，尽管是不平等的，但却是公平的，完全符合亚里士多德"平等地对待平等的，不平等地对待不平等的"[2] 的原则。不仅做到经济上和政策上的直接补偿，还要做到从教育内部入手，通过间接补偿的方式促进教育公平的实现，需要语言教育"授人以渔"，而在民族地区推广使用国家通用语言文字，即可回应这一要求。民族地区经济社会发展的关键是有各个领域的高端人才，而人才培养离不开优质教育，因此，在民族地区普及国家通用语言文字，加强民族地区语言教育，既可使语言交流不畅所造成的办学低效和教育质量不高的问题得到解决，又可让民族地区群众和学生借助于国家通用语言文字直接获得经济社会发展更多、更新、更广的信息，避免了几经翻译的周折和极其可能造成的语义变化，能通过教育资源配置的补偿原则促进中国教育公平。从这一角度而言，普及国家通用语言文字也可以视为一种间接的教育资源补偿，只不过补偿的不是"物"，而是一种"能力"，一种能从本质上促进民族地区个人和社会持续发展的"内生

---

① 罗尔斯. 正义论 [M]. 何怀宏，何包钢，廖申白，译. 北京：中国社会科学出版社，1988：292.

② 亚里士多德. 尼各马可伦理学 [M]. 廖申白，译. 北京：商务印书馆，2003：136－140.

动力"。①

　　总之，我们要站在唯物史观的立场，运用历史制度主义的分析视角，在国家发展的宏观情境中系统理解我国不同历史阶段语言教育政策的出发点，与时俱进地把握我国语言教育政策的总体思路，认清现行教育政策的任务、目标及因路径依赖而产生的可能推动难点，坚定不移地在包括小学阶段的学校语言教育及社会语言教育中落实国家相关政策。

---

　　① 陈荟，桑尔璇，李晓贺. 民族地区普及国家通用语言文字的教育公平之义［J］. 民族教育研究，2020，31（03）：79－85.

第三章
小学语言课程设置：非民族地区与民族地区

　　课程是学校教育的核心，课程设置是课程实施的前置条件，了解小学语言教育现状，首要着眼点应当是小学语言教育的课程设置。按照少数民族人数是否在当地占主导地位，我国将各地划分为民族地区或非民族地区，其中，民族地区通常指五大自治区和各少数民族自治州、自治县，非民族地区是指汉族人口占主导甚至绝对主导地位的地区。民族地区和非民族地区第一语言的不同，对小学阶段语言类课程开设应该会产生较大影响，因此，本研究将非民族地区和民族地区的语言课程开设情况分开讨论。

　　关于语言课程，有学者认为"语言类课程群"是指以培养语言文化底蕴、语言思维品质和语言交际能力等语言综合素养为核心目标的语文、英语等课程①，有学者认为语言类课程教学的基础教学目标是培养听说读写能力，最终教学目的是发展语言思维、扎实语言基础并能对其灵活运用。本研究对此进行综合改造，将语言类课程界定为：以语言为主要载体，指向由语言知识、语言运用、语言评价、语言文化、语言态度、语言意识等各方面综合构成的语言能力提升的课程。其外延涉及语言类国家课程、校本课程和地方课程，具体包括语文类、外语类、语言艺术类和传统文化类等4类相关课程。

---

　　①　郑晓薇，刘婷."双减"背景下语言类课程群建设［J］.人民教育，2022（05）：64－66.

第一节　非民族地区小学语言课程开设的课表观察

非民族地区小学语言课程的设置，很可能受到地区经济发展条件的影响，我国东中西部的经济条件存在较明显差异，中部处于中间地带，故本研究选择中部某省份作为整个样本进行抽样调查，而基于目的抽样原则，我们选择了湖南作为抽样地区。

一、研究方法及其实施

我们通过分析湖南省各地小学课表来分析各地小学语言课程开设状况，具体流程是先将各学校的课表原样拍摄下来，再逐一查看，挑选出其中的语文类、外语类、语言艺术类、传统文化类 4 类课程，再对这些课程进行统计，观察它们与所在学校和地区的关系。

课表的获取路径，是邀请湖南省属 H 大学 2020 年下半年在湖南省内开展教育实习的小学教育专业大三与大四的学生参与。这些大学生都在实习，大三的在长沙市内实习，为期 6 周；大四的在全省 14 个地州市实习，均为公费定向师范生，实习时间为 1 个学期，实习地点一般为生源所在县的县城或镇上，也有极少量被分派到更偏远的村小或小规模学校。选择这些教育实习生去收集其所在实习学校的课表，是为了满足抽样的随机性，因为实习生的分配是随机的，他们随机地被分配到湖南省各地区的小学去，除个别学生由于某种原因没有参与收集课表外，其余大三、大四的实习学生都积极地参与了，较好地实现了抽样的随机性。

我们要求实习生采取拍照而不是问卷调查的形式展开课表收集。这种形式的确定，主要是因为拍照能够较好规避问卷调查所存在的主观因素，能够将原始的数据资料真实客观地呈现在研究者面前，便于后续的分析研究，也能最大限度地保证数据的真实性和可靠性。另外，我们要求学生收集的，是所在实习学校的下述两类课表：第一，实习学校各年级的常规课表；第二，常规课表之外，也列入了课表的选修课、"三点半"课堂、校内兴趣班等课外活动项目。

实习生们拍照收集的课表形式比较纷繁，经过整理归纳①，共收集到 13 个地州市② 126 所小学③的课表，分布如下：长沙市（51）、怀化市（11）、岳阳市（5）、邵阳市（11）、郴州市（9）、永州市（5）、益阳市（6）、株洲市（5）、娄底市（6）、湘潭市（5）、衡阳市（7）、湘西自治州（4）、张家界市（1）。

要说明的是，由于课表收集的时间是 2020 年下半年，因此，本研究涉及小学语言类课程开设情况不代表这些学校的最新情况，同时，分析时也会考虑到 2020 年及此前的政策要求，如 2022 年版义务教育课程方案与课程标准还未发布，执行的是 2001 年版课程方案和 2011 年版课程标准。

二、非民族地区小学语言课程设置现状

（一）开设的语言课程涉及四个大类

整理 126 所学校各年级的课表，得到所开设的语言类课程名称涉及四大类共计 109 门，如下④：

语文类（43 门，占 39.4%）。除了语文课，主要还涉及阅读、习作、书法、说话及读写绘、文学社、语文阶梯、趣味语文等综合性课程。具体课程名称有：语文、阅读、语文阅读、自主阅读、绘本阅读、绘本故事、

---

① 虽然课表收集过程中受到各种主客观因素的影响，如对语言类课程的概念理解不透彻、收集信息渠道有限等，导致数据可能存在一定偏差，但筛选整理过程中已经剔除了数据明显存在偏差的学校（如年级极不完整）。因此，纳入本研究的数据较为合理。

② 湖南共有 14 个地州市，本次研究中在常德实习的学生未提交课表，考虑到研究材料搜集的标准一致性和随机性，本研究未对常德市的小学课表进行补充性收集。

③ 因为有少量师范生被分配到九年一贯制、十二年制或直接在初中实习，故本研究同时也收集到了来自以下学校的 20 份初中课表：长沙市长郡月亮岛学校、西雅中学；湘潭湘乡市起凤学校；岳阳市华容四中、插旗中学；永州市江永县思源实验中学、新田县十字中学；怀化市新晃侗族自治县新寨中学、凉伞中学、天堂学校，麻阳二中，中方县桐木镇中学；郴州市桂阳县正和中心校，嘉禾县文家学校，宜章九中、思源实验学校，临武三中、楚江中学，资兴三中、东江中学。

④ 名称完全重复的计为 1 种，但因为仅从名称不太方便判断内容的接近程度，所以即使名称极其接近的（如主持人、小主持、小主持人、小小主持人、悦耳小主持人），也都分开计算。

阅读分享、绘本阅读社团、趣味阅读、主题阅读、校本阅读、阅读与作文、课外阅读、自我阅读、读写、写话、习作、作文、写作、说话、看图说话、写字、写字（书法）、书法、校本书法、硬笔书法、软笔书法、毛笔书法、兰书亭书法社团、硬笔书法社团、写字课、练字、书法社团、书法组、读写绘、文学社、语文阶梯、趣味语文、语文活动、语文社团活动、班本课程（语）、语辅、基础课程（语文）。

外语类（27 门，占 24.8%）。除了英语课，主要还涉及英语口语、英语阅读、英语少儿表演、英语分层教育。具体课程名称有：英语、外语①、自然拼读法、英语口语、口语、口语训练（英）、英语童谣、迪士尼英语、英语剧场、英语歌舞剧、英语童话剧、英语秀、少儿英语歌舞社、英语角、英语配音、英语交际、英语综合实践、英语活动、英语社团活动、英语优生、英语潜能生、英语早读、小书虫、基础课程（英语）、外教、英语研究、日语。

语言艺术类（27 门，占 24.8%）。主要围绕主持、演讲、讲故事、表演等语言输出的几项能力展开。具体课程名称有：小主持、主持人、小主持人、小小主持人、悦耳小主持人、主持与表演、讲故事、故事表演、课本剧、童声朗读、演讲与口才、朗诵金话筒、表演与主持艺术、语言表演提升、主持朗读艺术、小记者、朝阳小记者社团、主播、主持、播音主持、播音主持课、口语播音主持、童声朗读主播、醉美中国话、朗诵、演讲、少儿口才。

传统文化类（12 门，占 11.0%）。主要是国学经典及其里面的诗歌、灯谜等内容。具体课程名称有：经典诵读、国学诵读、经典阅读、诵读、诵读组、国学、国学经典、国学剧、国学社团、恋恋有诗、经典文学引读、国学（灯谜）。

上述四大类课程的开设，都有一定的依据，有的来自义务教育课程标

---

① "外语"这一课程名称，来自怀化、岳阳、湘西自治州的 3 所学校。这 3 所学校的课表中没有"英语"课，所以，外语应该指的就是英语。把"英语"说成"外语"，反映了对进入我国义务教育系统的外语课程门类的认识滞后。本研究对此特意加以保留。

准的规定（如语文、英语），有的与社会舆论关切及课外机构开课保持一致（如大部分英语类课程和语言艺术类课程），有的来自国家的特别关切（如传统文化类）。

但值得特别关注的是：第一，没有学校开设方言类课程，也仅有益阳市的 1 所学校开设了第二外语日语；第二，有的课程名称不太妥当，如关于作文，按照课程标准，义务教育阶段 1～2 年级称为写话，3～9 年级称为习作，也可以笼统地称为作文，但不宜称为写作。

（二）所在地区影响语言课程开设

本研究以地州市为单位，对 126 所学校的语言类课程进行分类整理，具体情况如表 3－1、表 3－2。

表 3－1　所调查长沙市小学语言类课程开设一览表

类型	具体课程名称	门数	合计
语文类	语文、阅读、语文阅读、自主阅读、绘本阅读、绘本故事、阅读分享、趣味阅读、主题阅读、校本阅读、阅读与作文、写话、习作、作文、写作、说话、写字、写字（书法）、书法、校本书法、硬笔书法、软笔书法、毛笔书法、兰书亭书法社团、文学社、班本课程（语）、语文社团活动、语文阶梯、语辅、基础课程（语文）	30	71
外语类	英语、自然拼读法、英语口语、口语训练（英）、英语童谣、迪士尼英语、英语剧场、英语歌舞剧、英语童话剧、英语秀、少儿英语歌舞社、英语角、主持与表演、英语综合实践、英语活动、英语社团活动、基础课程（英语）、外教、英语研究	19	
语言艺术类	小主持、主持人、小主持人、小小主持人、悦耳小主持、演讲与口才、朗诵金话筒、表演与主持艺术、语言表演提升、主持朗读艺术、小记者、朝阳小记者社团、口语播音主持、童声朗读主播、醉美中国话	15	
传统文化类	经典诵读、国学、国学经典、国学剧、恋恋有诗、经典文学引读、国学（灯谜）	7	

表 3 – 2　所调查其他地州市小学语言类课程开设一览表

地区	语文类	外语类	语言艺术类	传统文化类	门数
怀化	语文、作文、阅读、自我阅读、书法、硬笔书法、毛笔书法、写字、习作、写话、写作、文学社	英语、外语	演讲、主持人、小主持人	国学	18
岳阳	语文、作文、阅读、绘本阅读社团、写字、书法、硬笔书法社团	英语、外语		国学社团	10
永州	语文、经典阅读、作文、看图写话、写作、书法、毛笔书法、诵读、朗读	英语、英语秀		国学经典	12
邵阳	语文、阅读、作文、写作、写字、书法、书法社团、书法组	英语		经典阅读、经典诵读、诵读、诵读组、国学社团	14
株洲	语文、阅读、读写绘、写字、书法	英语、小书虫	少儿口才、演讲、主持人	国学	11
郴州	语文、阅读、作文、写字（书法）、硬笔书法、软笔书法、语文活动	英语、口语、英语配音	播音主持	诵读	12
益阳	语文、阅读、校本阅读、作文、习作、书法、写作	英语、日语、英语优生、英语潜能生			11
娄底	语文、硬笔书法、趣味语文	英语、英语交际	主持	经典诵读	7
湘潭	语文、阅读、读写、书法、作文、写字	英语			7
衡阳	语文、课外阅读、书法、阅读、硬笔	英语、口语			7
湘西自治州	语文、阅读、写字（书法）、书法	英语、外语			6
张家界	语文、书法课	英语	播音主持课		4

虽然各地州市调查到的学校数不同，本研究搜集到的数据并不能代表各地州市完整的真实面貌，但我们还是试图管窥一豹，从各地州市小学语言课程的开设中得出一些结论，如下：

第一，长沙市小学语言课程开设门数最多。统计得知，51 所长沙市小学共开设语言类课程 71 门，即占所收集全部 126 所学校所开设 109 门小学语言类课程的 65.1%。其中，怀化、岳阳、永州、邵阳、株洲、郴州、益阳 7 个地州市的县镇学校，开设的门数在 10 ~ 18 门之间；娄底、湘潭、衡阳、湘西自治州、张家界 5 个地州市的县镇学校，开设门数为 4 ~ 7 门。个中原因，除了收集的长沙市小学数量最多以外，还跟长沙市作为省会城市，在政治、经济、文化等方面都较其他地区更具优势有关。这些优势体现在教育领域，不仅是校舍、功能室等基本设施和场室内相应设备较为齐全和先进，师资力量也相对强大，还配置了义务教育阶段各科教师，不少学科还配有更细化的师资，如传统文化类的国学剧、语言艺术类的口语播音主持，如有的学校在四五年级开设的"外教"课，等等。这种地区差异，不仅表现在开课门数的多少，也体现在一些课程的开设起始年级上，就语言类课程而言，长沙大部分学校都从一年级开始开设英语课程，但本次调研的大多数县城及镇中心学校从三年级才开设英语课。比较特别的是，此次所调查学校中唯一开设了二外课程的学校来自益阳，该校开设了日语课程。

第二，各大语言类课程受重视程度的地区差异较大。经过归纳，四大类课程的整体开设情况和分地州市开设情况如表 3 - 3①。可以看到，语文类课程最受重视，除长沙、株洲、娄底接近 50% 外，其他地州市均超过 50%，最多的达到 85.7%；外语类课程，益阳、湘西自治州、娄底、衡阳、长沙的占比超过 25%，其他地州市在 10% ~ 18.2% 之间，邵阳、湘潭未开设除英语外的其他外语类课程；语言艺术类课程，有 6 个地州市的学校课表中有相关课程，长沙、株洲、怀化、娄底、郴州、张家界开设的门数分别为 15 门、3 门、3 门、1 门、1 门、1 门；传统文化类课程，特别重视的是邵阳，总共 11 所学校开出了 5 门传统文化课程，另外，长沙有 7 门，怀化、岳阳、

---

① 张家界因只收集到一所学校的课表，此处列入表格但不进行比较。

永州、株洲、郴州、娄底各开了 1 门。

表 3 - 3　所调查学校小学语言类课程的分布情况

地州市	总门数	语文类		外语类		语言艺术类		传统文化类	
		门数	占比(%)	门数	占比(%)	门数	占比(%)	门数	占比(%)
长沙	71	30	42.3	19	26.8	15	21.1	7	9.9
怀化	18	12	66.7	2	11.1	3	16.7	1	5.6
岳阳	10	7	70	2	20	0	0	1	10
永州	12	9	75	2	16.7	0	0	1	8.3
邵阳	14	8	57.1	1	7.1	0	0	5	35.7
株洲	11	5	45.5	2	18.2	3	27.3	1	9.1
郴州	12	7	58.3	3	25	1	8.3	1	8.3
益阳	11	7	63.6	4	36.4	0	0	0	0
娄底	7	3	42.9	2	28.6	1	14.3	1	14.3
湘潭	7	6	85.7	1	14.3	0	0	0	0
衡阳	7	5	71.4	2	28.6	0	0	0	0
湘西自治州	6	4	66.7	2	33.3	0	0	0	0
张家界	4	2	50	1	25	1	25	0	0

　　第三，县镇学校较长沙更重视将课程与升学挂钩。其他地州市的县镇学校开设了长沙市未开设的语言类课程，语文类有绘本阅读社团、课外阅读、自我阅读、读写、看图说话、硬笔书法社团、写字课、练字、书法社团、书法组、读写绘、趣味语文、语文活动共 13 门，外语类有英语配音、口语、英语交际、英语优生、英语潜能生、英语学课、小书虫共 7 门，语言艺术类有主持与表演、讲故事、故事表演、课本剧、童声朗读、主播、主持、播音主持、播音主持课、诵读、诵读组、朗诵、演讲、少儿口才共 14 门，传统文化类有经典诵读、经典阅读、国学社团共 3 门。这些课程中，主播、主持、播音主持、播音主持课以及英语优生、英语潜能生等少量课程，

从名称看不太关注小学生的年龄特征①，而是更直接地关注高考的艺术考试或文化课的培优补差，与升学挂钩的迹象比较明显。②

（三）年级对语言类课程设置的影响不大

以"年级"为单位整理 1～6 年级开设的语言类课程，得出一年级、二年级、三年级、四年级、五年级、六年级的语言类课程开设门数依次为 89、90、92、97、92、93 门，各年级的开课门数在数量上基本保持平衡，也体现了校本课程的多样性。

值得关注的是有的课程开设年级不合理，比如有的学校从一年级起就开设"自我阅读""英语角"甚至"英语研究"课程，也有学校三年级还在开设"看图写话"课程，这些与课程标准的要求相违背。其中，语文类：一方面，按照 2011 版和 2022 版义务教育语文课程标准，要求一、二年级学生累计识字量为 1600 个左右，"自主阅读"比较有难度，所以统编语文教材中编写了"和大人一起读"；另一方面，"写话"（含"看图写话"）是一、二年级的内容，到三年级开始已经是"习作"。英语类：很显然，一年级是激发基本兴趣的时候，无论如何理解"研究"，在一、二年级就开设"英语研究"这样字眼的课程，都是不合适的；"英语角"也通常从学生已经能够开展最基本的英语交流的年级开始开设。

（四）学校是影响语言类课程开设的最重要因素

为进一步了解学校对语言类课程开设的影响，本研究对 126 所小学进行了进一步筛选，筛选标准有三条：第一，尽量保证各个地区的学校都有涉及；第二，剔除收集的年级不完整的学校；第三，将样本控制在一定数量内。最终，遴选出涉及 12 个地区的 50 所小学，具体是：长沙市（15 所）、湘潭市（4 所）、岳阳市（3 所）、益阳市（4 所）、怀化市（4 所）、邵阳市（4 所）、衡阳市（4 所）、株洲市（3 所）、娄底市（3 所）、永州市（2 所）、湘西自治州（3 所）、张家界市（1 所），其中，长沙的学校数量较多，是考虑分到长沙实习的学生较多，收集到课表的长沙学校总数量本来就多的这一因素。

---

① 下文将谈及的"自我阅读""看图说话"等几门课程的开设年级不合适，也是不关注学生年龄特点的表现，此不赘述。

② 长沙市某学校开设的"语辅"课与此类似。

表 3 - 4　语言类课程开设门数及其所对应学校数量

开设数（门）	2	3	4	5	6	7	8	9	10	共 54 门
学校数（所）	6	11	14	5	4	4	3	2	1	共 50 所
学校占比（%）	12	22	28	10	8	8	6	4	2	100

　　将上述 50 所学校的语言类课程门数进行整理，结果如表 3 - 4 所示。从中可知，有 6 所学校仅开设 2 门（语文和英语）语言类课程，占总学校数的 12%；开设 3 ~ 4 门语言类课程的学校占比较大，开设 3 门的为 22%，开设 4 门的为 28%；有两所学校达到 9 门，即博才梅溪湖小学（语文、英语、国学、表演与主持艺术、硬笔书法、软笔书法、绘本故事、英语秀、阅读分享）及育才学校（语文、英语、书法、外教、小记者、硬笔书法、软笔书法、小主持人、文学社）；还有一所学校（岳麓区第二小学）开设的语言类课程有 10 门，包括语文、英语、写字、作文、阅读、小小主持人、小记者、英语口语、英语活动、英语童话剧。可见，学校间的语言类课程开设门数差异较大，并呈现出两极分化的趋势。

　　进一步探究可知，总体而言，长沙地区的 15 所学校开设的语言类课程门数普遍高于省内其他地区，开设了 10 门、9 门、8 门、7 门、6 门、5 门、4 门的学校分别为 1 所、2 所、2 所、3 所、1 所、3 所、3 所，没有一所学校开设的语言类课程门数低于 4 门。而非长沙地区的学校，语言类课程门数为 4 门及以下的占 79.9%，而且其中有 6 所学校仅开了语文、英语两门语言类课程。这一情况明显回应了本文前面讨论地区影响时的结论。

三、非民族地区小学语言课程设置建议

（一）打开视野，适当增加外语课程门类与本土强势方言课程

　　本调研显示，我国中部省份开设的小学外语课程门类极为单一。许多其他国家都比较重视外语能力的建设，一些面积较小、影响较弱的国家也在努力拓展国民的语种能力，如吉尔吉斯斯坦的奥什市中小学生所接受的语言教育就涉及吉语、俄语、英语、乌兹别克语，学生们普遍都能使用吉语和俄语交流，英语普及程度很高，汉语也已纳入教育体系。[①] 国民外语语

---

① 蔡钰琳. 吉尔吉斯斯坦奥什市中小学语言教育现状调查 [D]. 乌鲁木齐：新疆师范大学，2018：摘要 I.

言能力是建设人类命运共同体的必备能力，人的语言习得关键期是 2 岁至青春期（10～12 岁左右），3 岁以内儿童在能够提供达到一定量刺激的自然环境中还能够学会 2 门以上语言①。另外，从迁移异地求学的儿童的学校社会适应性来看，开设本土强势方言课程的校本课程极为必要。因为当前各地农村学校空心化、县域教育城镇化、打工者子女随迁化的趋势非常明显，学校开设当地强势方言课程，有助于迁移异地的学生获得学校所在地强势语言的有计划学习机会，有利于他们听懂当地师生或多或少会进行的方言交流，弱化这些本来就处于相对弱势儿童的"局外人"心态。此外，开设方言校本课程供学生选择，也是在使用中保护方言、开展语保工作的一种手段。

（二）运用技术，为县镇学校学生提供更多语言发展机会

研究结果显示，长沙市与各地州市县镇学校的语言类课程开设非常不平衡，这种不平衡，主要是由客观上的地区社会经济文化条件及主观上的学校管理层观念意识所决定。但当前县镇学校都已接入了互联网并拥有电脑、投屏甚至希沃等触控一体机，如此高度发达的信息技术，加上城乡手拉手日趋频繁，城乡师资交流机制日益完善，把长沙市优质的语言类课程以远程共享或师资培训的方式送到县镇学校，已经是十分简便的事情，目前的要点是协助县镇学校管理层明晰语言教育的重要性，了解城市学校的做法并以适当的方式引入为校本课程。

（三）稳扎稳打，有序推进不同类型语言类课程建设

资料显示，2022 年第五届湖南省基础教育教学成果奖 301 项成果中，有 35 项与小学语言类课程有关，涉及语文类和英语类，其中语文类又聚焦于作文、阅读、经典诵读的相关研究②。这与本研究所发现的语文类语言类课程占比几乎均超 50% 相互印证，表明小学语言类课程尤其是语文类课程

---

① 陆尧，吴西愉．激发儿童语言的活力——"普通话＋方言"对儿童语言发展的影响? ［N］．光明日报，2023－09－10（5）．
② 湖南省教育厅．关于第五届湖南省基础教育教学成果奖拟授奖成果的公示［EB/OL］．（2022－05－19）　［2023－11－14］．https：//jyt. hunan. gov. cn/jyt/sjyt/xxgk/tzgg/202205/t20220518_1070071. html.

的教学运用、研究与推广已经取得了一定成绩。但同时我们也发现，当前小学语言类课程的发展在结构上还不够完善，整体重书面的阅读与作文，轻口头的倾听与表达；口头表达重输出、轻沟通；输出重技术运用，轻内涵引导。行政管理部门与学校管理层需通过文件引导、观念改进来改善上述偏颇情况，有序推进语言类课程在重点方面取得新的突破。

第二节　民族地区小学语言教育现状的教师调查

我国拥有五十六个民族，中华民族共同体意识形成于各民族的交往、交流、交融过程之中①，语言在这个过程中起着关键作用。因此，加强语言教育，尤其是加强以处于语言学习关键期的小学生为对象的小学语言教育，是符合政府意志、回应百姓关切的重要工作，极具意义。相关研究方面，我国历来重视民族工作，民族语言教育工作的研究从未间断，与维护地区稳定有关的边疆国界、人口数量较多的民族地区语言教育更是颇受关注②，但相关结论不一定能代表普遍性现状与困惑。为此，本研究将对象范围扩大至边疆与内陆民族地区，对其小学语言教育开展一体化调研，以期从更宽阔的视野发现问题、总结经验和提供对策。

一、调查设计与实施

（一）研究设计

第一，问卷设计。以了解同类研究为基础，参考《义务教育语文课程标准（2022 年版）》、《中小学少数民族文字教材管理办法》（2021）等文件，制作了问卷初稿，通过测试项分类、预调查及对应调整后，形成问卷

---

① 李卫英，石婧逸，熊冰. 铸牢中华民族共同体意识的文化心理场研究：价值澄明与实践路径［J］. 民族教育研究，2021，32（05）：27-35.

② 叶会元，W. James Jacob，熊卫雁，等. 中国少数民族双语教育的挑战与阻碍［J］. 民族高等教育研究，2017，5（01）：32-39，93.

定稿。问卷共 39 道题，由 11 项被试基本信息和 7 个维度主要内容构成。其中，被试基本信息包括性别、民族、出生年份、最高学历、任教地区、任教课程、任教学段、任教学校、所属民族文字状况、任教地区人口构成和任教地区民族构成；7 个主要内容维度包括概念认知、课程设置、师资配备、教学实施、教材使用、语言态度和社区语言环境，其中，概念认知包括普通话含义、本民族语与国家通用语、语言政策关注，课程设置包括语文课、少数民族语言课、英语课、方言课与其他外语课的开设，师资配备包括自身普通话水平、语种使用能力、本民族语使用水平、教师语言培训情况，教学实施包括课内外开设形式、学生水平、教学难点，语言态度包括民族语教育目标、日常使用语种、教学使用语种、家长的多语言学习支持，另外还有教材使用、社区语言环境各 1 道题。具体问卷见附录一。

第二，访谈提纲设计。访谈对象为民族聚居地区的汉语教师和民族语教师[①]，访谈内容包括教师基本情况、职后培训、语言教育政策了解、任教学校语言类课外活动开展、学生语言能力检测途径、学生语言学习效果 6 个方面。具体访谈提纲见附录二的"其一"。

（二）被试构成

1. 问卷被试

本研究聚焦内陆民族地区的语言教育调查，同时也将边疆民族地区和汉族聚居区作为比较对象，因此，问卷发放涉及内陆少数民族聚居区、边疆民族地区和汉族聚居区这 3 种类型的地区。分层之后，根据目的抽样，确定具体发放地区为：贵州黔东南苗族侗族自治州、贵州黔南布依族苗族自治州、湖南湘西土家族苗族自治州这 3 个内陆少数民族聚居区，西藏自治区这一边疆民族地区，以及贵州、湖南、甘肃、广东共 4 个省份的汉族聚居区。每一张问卷的发放，采用目的抽样与随机抽样相结合的方式，通过关键信息人联系对应地区的小学教师尤其是语言教师，邀请他们在问卷星上

---

① 实际上本研究还访谈了 2 位来自民族学校的校长和 2 位民族学校的家长，访谈结果对我们理解民族地区小学语言教育颇具启发作用，但由于这 4 位访谈对象的话语未被直接引入本书，故此处不分析其访谈提纲的构成，但在《附录二》中出示了当时所用的访谈提纲。

作答和提交问卷。

回收的有效问卷共 981 份，被试共来自 19 个民族，其中汉族（31.6%）、苗族（26.9%）、土家族（24.8%）、回族（4.5%）、布依族（3.4%）、瑶族（3.4%）、侗族（1.4%）的被试超过 10 人，土族、藏族、白族等其他民族不到 10 人。被试任教学校所在地区的民族构成情况，"基本都是少数民族人口"的占 58.2%，"基本都是汉族人口"的 21.7%，"汉族与少数民族人口差不多"的 17.9%，其他 2.1%。进一步查阅数据得知，"基本都是少数民族人口"的多位于贵州黔东南苗族侗族自治州、贵州黔南布依族苗族自治州和湖南湘西土家族苗族自治州，与投放对象总体情况吻合。从性别看，女性教师占比 77.4%，男性教师占比 22.6%。从出生年份的区间看，占比从高到低依次为 1980—1989 年（31.0%）、1990—1999 年（23.9%）、1970—1979 年（23.7%）、2000 年及以后（16.9%）、1960—1969 年（4.6%）。从学历看，有本科（66.2%）、大专（32.2%）、硕士及以上（1.1%）、中专（0.5%）共 4 种学历。此外，这 981 名教师中有汉语教师 642 人、英语教师 88 人、民族语言教师 7 人及其他课程教师 244 人。

2. 访谈对象

访谈对象的选取，也是通过目的抽样的方式。4 名受访者共来自 2 所民族小学，这 2 所民族小学分别位于朝鲜族聚居的吉林省延边朝鲜族自治州敦化市和蒙古族聚居的内蒙古自治区宁城县。4 名受访者都是小学语言教师，2 位是朝鲜族，分别任教语文和朝鲜语文；2 位是蒙古族，分别任教语文和蒙古语文。

二、调查结果

（一）师资队伍现状

1. 学历基本达标且专业对口程度较高

各类教师的最高学历均以"本科"区间为最高，其中，汉语教师、英语教师、民族语教师本科学历者分别占该类教师总人数的 68.5%、89.8%、71.4%。拥有"硕士及以上"学历的语言类教师中，汉语教师占该类教师总人数的 1.4%，民族语教师拥有硕士及以上学历的数量为 0。受访的 4 位教师中，朝鲜语文教师毕业于延边大学朝鲜语言文学（非师范）专业，蒙古语文教师毕业于某师范院校蒙古语言文学专业，两位语文教师有一位从汉语言文学专业毕业，有一位从教育学专业毕业。

2. 民族语师资较为薄弱

相较于汉语教师有 642 人与英语教师有 88 人，民族语师资明显偏少，仅有 7 人（0.71%），含藏语教师 6 名、苗语教师 1 名。汉语教师与英语教师均以 1980—1989 年及以后出生的为主（81.6%[①]）。汉语教师的年龄跨度相对较大，分布于 1960—2000 年的各个区间；而民族语教师出生年份在 1970—1979 年、1980—1989 年、1990—1999 年三个区间的占比均为该类教师总人数的 28.6%，出生在 2000 年及以后的为 0。两位朝鲜族教师任教的民族小学，每个班配备 1 名语文教师及 1 名朝鲜语文老师；两位蒙古族教师任教的民族小学，蒙古语教师数量已由原来的 4 名变为现在的 2 名，语文教师每个班均配有 1 名，但专门的民族语文教师则全校仅有 1 名。可见，民族语师资一是年龄整体偏大，二是力量较为薄弱。

3. 各民族语言的师资相互介入不均衡

本次调查的 671 名少数民族教师，其中 7 名民族语教师所任教语言科目与自身民族身份完全匹配；其他 664 名教师中来自基诺族、普米族、怒族、白族、壮族者都教汉语，来自其他少数民族的都教汉语或英语，而 310 名汉族教师却无一人任教民族语课程。受访的 4 位教师，两位教语文，两位教民族语，自身都是少数民族，其中，受访的朝鲜语文教师表示，"教语文的，以前基本都是朝鲜族教师，教材改革后的两年进了十几位汉族教师，现在大概一半以上或百分之六七十是朝鲜族教师。"她说的"教材改革"，指全国基础教育阶段语文课程统一使用统编版教材。由此可知，少数民族语言教育工作均为该少数民族教师承担，少数民族教师大量参与国家通用语言教育，但汉族教师很少参与少数民族语言教育，各民族语言的师资相互介

---

① 汉语教师中，1980—1989 年出生的为 210 人（32.7%）；英语教师中的这一比例为 48.9%。

入不均衡。

4. 部分教师的本民族语言意识减弱

调查结果显示，首先选择"民族语言为汉语"的被试占总量的 36.9%，汉族教师又占这些被试中的 59.1%，18 个少数民族的教师合计占比为 40.9%。其次，来自同一少数民族的教师，对本民族"有无语言""有无文字"的认知差别较大，且有 25.0% 的被试"对本民族的语言和文字都不太了解"。本次调查对象所涉及的民族，仅回族无语言、无文字，苗族有语言、无文字，但却有 12.3% 的少数民族被试将自己的民族语言认定为汉语，这充分反映了国家通用语言文字推广的效果与影响。但另一方面，汉族教师被试也有 6.1% 选择了"对本民族的语言和文字都不太了解"，6.8% 选择"对语言熟练，对文字不太熟"，3.9% 选择"对语言熟练，没有文字"，这说明有少量教师的本民族语言意识不浓厚，语用能力不强劲。

5. 有语言培训需求但供需不够平衡

教师参加过的普通话推广活动，按占比高低，依次为朗读演讲类比赛（69.1%）、教师普通话水平抽查（55.9%）、专门的普通话培训课或培训班（54.5%）、含有普通话的教师技能比赛（49.2%）、普通话帮扶结对（10.1%）和其他（2.0%），其中，填写"其他"者，涉及"未接受过培训""普通话水平考试""日常说普通话""普通话普及情况调查"等情况，这些活动有传统的积淀优势，但还缺乏创新。

此外，4 位受访教师谈及相关问题时，均表示职后接受的培训类型较为多样，主要是通过教师进修学校到校培训或州市县公开课，参加教材解读与教师教学技能培养。关于是否曾参加过语言类的相关培训，朝鲜语教师的回答是入职后未接受过面向教师的普通话培训或朝鲜语培训；蒙古语教师表示有教育局组织的、面向蒙语文教师的蒙语文专业培训；朝鲜族语文教师指出，教师是否接受语言类培训得看是否有普通话证，对于带口音的少数民族教师会进行普通话方面的培训；蒙古族语教师也认可职后会有普通话培训的说法，并说明普通话水平达到二乙及以上即可。

谈及"普通话还需要提升的地方"，选择"语音标准程度"的占比最高

（73.1%），其他依次是"写作能力"（47.5%）、"书写水平"（40.1%）、"词汇量"（34.8%）、"阅读速度"（26.3%）、"听力"（8.6%）、"其他"（0.7%），体现了教师对提升自身国家通用语言文字运用水平有一些特殊需求，他们除了跟汉族教师一样需要提升语音标准度，还希望在写作、书写、词汇量、阅读以及听力上得到发展。

（二）课程实施现状

1. 基本课程开设规范但语种较为单一

概而言之，小学语言类课程的设置，语文、英语符合国家标准，民族语言呈萎缩状态，第二外语与方言的开设状况明显受地域文化的影响。

关于语文课在小学各学段的课时分配，《义务教育课程方案（2022年版)》规定语文课时占总课时的20%～22%，学校在保证每周总时长不变的情况下，可以自行确定各科目的周课时数。调查数据显示，低学段以"大于8节/周"的频率为最高，占比50.0%；中学段、高学段均以"7～8节/周"频率为最高，分别占比39.5%、32.7%，整体呈现出周课时总数随年级增长而相对减少的趋势。各校对语文课时数的具体安排有一定差异，但总体上均符合《义务教育课程方案（2022年版)》的要求。

关于英语课在小学各学段的课时分配，《义务教育课程方案（2022年版)》规定"小学阶段开设英语，起始年级为三年级；有条件的地区和学校可在一至二年级开设，以听说为主。初中阶段开设外语，可在英语、日语、俄语等语种中任选一种"。统计可知，低学段以"0节/周"的频率为最高，占比49.2%；中学段以"1～2节/周"的频率为最高，占比46.0%；高学段以"3～4节/周"的频率为最高，占比51.4%。可见，小学阶段的英语课开设，整体呈现出周课时总数随年级增长而相对增加的趋势，符合《义务教育课程方案（2022年版)》的相关要求。

任教学校开设少数民族语言课程的情况，"没有"占97.2%，"开设了"的只占2.8%。核查后台数据可知，选择"开设了"的27位教师，任教学校所处地区的少数民族语言涵盖藏语、苗语、土家语、瑶语、蒙古语、水语、布依语共7个种类，频次分别为9、8、3、2、3、1、1。教材选用方面，有33.3%的被试选择了"统编版《语文》教材的译本，与统编版《语文》内容一致，只是语言不同"，同样也有33.3%的被试选择了"由学校自主开发的校本教材"，还有29.6%的被试选择了"地区自编教材，内容与统编版《语文》不同"，另有7.4%（2人）选择"其他"，具体是"汉语和道法是统编教材，其他是蒙语教材"和"五省藏区统一藏语文教科书"。实施方式方面，少数民族语言课程有"常规课堂教学""三点半课后服务"和"兴趣社团"共3种形式。两者结合发现，地区自编版教材及"其他"选项里的藏语文及蒙语教材，均运用于常规课堂教学中；而统编版《语文》教材的译本与校本教材在三类课程开设形式中均有运用，区别在于前者多应用于课堂教学，而后者更多地应用于兴趣社团。

关于任教学校的第二外语（除英语外的其他外语）和方言开设情况，"没有"的占96.6%，"开设了"的为3.4%（33人），从补充填写的具体开设科目来看，这33人绝大部分是将英语认为是其他外语，剔除无效数据后仅有4位教师任教的学校（0.41%）开设了其他外语课程——俄语、西班牙语、日语、法语。比对数据发现，这4所学校均位于深圳或东莞，其中2所同时开设了两门或多门外语课程。

关于任教学校的方言开设情况，填写"没有"的为98.8%，填写"开设了"的为1.2%。进一步比对该选项的附带填空项，发现部分数据不完整，也有被试将苗语、水语视为方言，而真正属于方言的仅"潮汕话"，开设形式是第二课堂。

2. 教师掌握的语种较少且语用意识较弱

关于课堂教学语种，如表3-5所示，将"普通话"作为主要教学语言的为921人，占所有981名被试的93.9%。交叉分析得知，这93.9%的教师在另一道相关选择题中，选择使用"普通话"作为辅助教学语言的有501人，即所有教师中有54.4%用且仅用普通话进行教学。其他，用且仅用本地民族语、本地方言、英语进行教学的教师，分别有6人、9人、3人。小计得到，在课堂教学中仅使用一种语言作为教学媒介、教学语境为单语的，共占教师总人数的52.9%。

表 3−5 教师教学语言与辅助教学语言交叉表

| | | | 除教学语言外，您使用的辅助教学语言 | | | | 总计 |
			普通话	本地民族语	本地方言	英语	
您目前主要使用的教学语言	普通话	计数（人）	501	51	353	16	921
		百分比（%）	54.4	5.5	38.3	1.7	100.0
	本地民族语	计数（人）	2	6	1	1	10
		百分比（%）	20.0	60.0	10.0	10.0	100.0
	本地方言	计数（人）	8	0	9	0	17
		百分比（%）	47.1	0.0	52.9	0.0	100.0
	英语	计数（人）	29	0	1	3	33
		百分比（%）	87.9	0.0	3.0	9.1	100.0
总计		计数（人）	540	57	364	20	981
		百分比（%）	55.0	5.8	37.1	2.0	100.0

另外，如前所述，所有被试中英语教师共 88 位，除去 3 位采取全英文教学外，其他以英语为主要教学语言、辅助教学语言的分别有 30 人（34.1%）、17 人（19.3%）。从而推知，未使用英语进行英语课堂教学的教师占英语教师总人数的 43.2%，这说明民族地区英语教师的英语运用意识整体不强。

在对教学语言的选择上，教师往往更倾向于以普通话作为主要教学语言，本地方言与本地民族语往往作为辅助教学的语言存在。这一现象让人喜忧参半，喜的是说明国家通用语言文字的推广卓有成效，忧的是民族地区教师教学语言的单语现象，或许会在一定程度上限制学生双语或多语种能力的发展。

3. 课外的语言教育方式与载体均较丰富

关于课堂之外的校园语言教育方式，实际使用情况从高到低依次为："布置黑板报、墙壁、长廊或电子显示屏"（86.0%）、"开展演讲、诵读或辩论赛等语言类校园活动"（82.0%）、"播放校园广播或电台"（55.9%）、"学校微信公众号设置相关栏目"（20.5%）"开设校园语言角"（20.0%）、"组建语言类兴趣班、兴趣小组或社团"（11.8%），但也有0.3%选择了"其他"选项，所填写的具体内容均为"无"，即除课堂教学外未开展语言教育活动。

关于课外语言学习形式，被试推荐"广播或电视"（77.0%）、"报纸书刊"（73.9%）、"网络课堂"（54.4%）、App软件（4.0%）和语言类比赛、集中培训等"其他"方式。

综合可知，当前民族地区的语言教育开展形式丰富，不仅校园内语言教育载体较为多样，而且校外学习资源也较丰富，且学校与教师均意识到了新媒体对语言学习的促进作用。

（三）语言态度现状

1. 普通话已是明显优势语言

在民族地区，无论民族构成情况如何，普通话均已成为学生日常交流和社区日常交往的优势语言。其中，学生们的日常交流语种，选择"均使用普通话"的占比25.7%，"均使用本民族语"的为5.0%；如果日常语言不止一种，那么，当他们不使用普通话时，他们更习惯于"使用本民族语"者为13.7%，习惯于使用"本民族语的地方方言"者为50.9%。可见，普通话是学生群体日常交流使用率最高的语言，本民族语尤其是本民族语的地方方言则是他们使用普通话之外的重要补充。

社区日常语言交往的环境与此类似。由表3-6可知，所在地区日常语言环境"以普通话交流为主"的情况，在"基本是汉族"（57.7%）、"汉族与少数民族的占比差不多"（46.6%）及"基本是少数民族"（33.1%）的地区，选择率都最高，而其中的占比差异，则体现了本土习惯与本土文化传承力量的差异。

表 3－6　教师任教学校所在地民族构成情况与所在地区日常语言环境交叉表

			您所在地区的日常语言环境					
			以普通话交流为主	以本民族语交流为主	普通话与本民族语的使用占比接近	以本民族语的地方话交流为主	以其他语言为主	总计
您目前任教地区的民族构成情况	基本是汉族	计数（人）	123	31	23	33	3	213
		百分比（％）	57.7	14.6	10.8	15.5	1.4	100.0
	基本是少数民族	计数（人）	189	132	105	133	12	571
		百分比（％）	33.1	23.1	18.4	23.3	2.1	100.0
	汉族与少数民族的占比差不多	计数（人）	82	28	32	31	3	176
		百分比（％）	46.6	15.9	18.2	17.6	1.7	100.0
	其他	计数（人）	17	2	1	1	0	21
		百分比（％）	81.0	9.5	4.8	4.8	0.0	100.0
总计		计数（人）	411	193	161	198	18	981
		百分比（％）	41.9	19.7	16.4	20.2	1.8	100.0

教师们对于各类语言重要性的认识，也明显地呈现普通话优先的取向。统计可知，以 5 分为总分，"普通话"的综合得分达到了 4.85 分，远高于"本地民族语"（2.48 分）、"英语"（2.30 分）、"本地方言"（1.97 分）和"其他外语"（0.17 分）。普通话的认可度最高，同时对民族语言重要性的认知程度超过了英语，但就语言类课程的实际开设情况来看，民族语的课程设置并没有满足教师心理期望。

另外，在教师们看来，家长们对于多语言学习的关注程度平均得分只占总分 5 分的 3.21 分，具体是："非常关注"（13.2％）和"关注"（16.7％）的占 29.9％，"比较关注"（28.0％）和"一般"（26.4％）的共占总数的 54.4％，"不太关注"（10.7％）和"不关注"（5.0％）的占 15.7％。

2. 民族语教育的需求程度存在差异

关于民族语课程应该被掌握的程度，不同类型的语言教师观点不一。汉语教师赞同"粗浅了解，重在培养兴趣"的最多，占该类教师的38.5%；英语教师赞同"最基本的日常听说"的最多，占英语教师总量的54.5%；民族语教师则有85.7%认为应该满足"最基本的日常听说与读写"。可见，教师对学生的民族语课程教学质量要求总体不高，按从低到高依序排列为：汉语教师最低，英语教师次之，民族语教师最高。就被试整体而言，民族语应被掌握的程度相对偏低，"粗浅了解，重在培养兴趣"的频率最高（36.8%），其次为"最基本的日常听说"（34.9%），再次为"最基本的日常听说与读写"（27.4%），而0.9%填写了"其他"，具体提及了"传承民族文化"和持反对态度的"没有必要开设民族语课程，只需要专门研究的人员掌握即可，避免加重学生负担，也避免干涉到语言统一"。

3. 普遍认为小学语言教育重在态度、能力与文化提升

各类语言教师对于小学语言教育作用的认识，都不约而同地将"改善语言态度，使乐于交际"置于第一位，将"提升语言运用能力"置于第二位，将"了解语言背后的文化"置于第三位，"提高考试成绩"和"帮助未来就业"则分别被置于第四位和第五位。由此可知，语言教师整体都更重视语言态度、语言运用及其蕴含的文化价值，不太在意语言的应试作用及社会经济价值。不过，相较于汉语教师和英语教师，民族语教师对于"提高考试成绩"和"帮助未来就业"的认可度稍高一些，都达到了14.3%。

三、对策建议

（一）提升民族地区教师的多语种意识与能力

当前国家和语言教育界普遍关切语言安全观和国家语言能力，语言教师尤其是民族地区语言教师应当努力发展自身的多语种能力，而民族地区语言教师事实上也拥有学习国家通用语、当地民族语、英语及当地方言的资源优势。但调查结果显示，民族地区的语文、英语、民族语文、其他外语、方言这五类语言课程，仅语文、英语普遍开设，民族语、方言、其他外语只在零星几个地区作为课程开设；同时，课堂中仅使用一种语言作为教学媒介的语言教师占调查对象总数的 52.9%，教师课堂用语为单一语言，不能抓住传授多种语言的课堂契机，不利于在课堂空间中发展学生的多语意识与多语能力。

需要做而未做某事，离不开"做不了"和"不愿做"两种原因。一方面，为了解决"做不了"的问题，政府要落实"提倡汉族青年学习少数民族的语言文字、文学艺术、历史、医学等，以利于各族学生增进了解，广交朋友，团结互助，共同进步"①，要抓紧设立单独招生项目或跨多个年份的语言教师培训项目，培养培训民族地区语言教师以使之具备多语言能力，或者要制定相关优惠政策让具体多语能力者"进得来""留得住"，从而既解决教师课堂语言使用单一、学校语言类课程设置太少的问题，又解决当前民族语师资年龄结构老化的问题。另一方面，为了解决"不愿做"的问题，可以制定民族地区小学语言教师岗位轮换机制，通过岗位任务带动来促使教师相互学习，解决当前少数民族教师能教汉语而汉族教师少有能教少数民族语言的问题，齐心协力为学生多语言能力发展提供一个沉浸式语言教育氛围。

（二）推动更充分考虑受众需求的通用语教育

依据 2020 年中国第七次人口普查数据，汉族拥有近 13 亿的人口；各少数民族人口约为 1.25 亿，占中国总人口的 8.9%。汉族作为我国的主体（多数）民族，人口遍布全国，汉语汉字自然成为我国使用最广泛、通行度最高的语言文字，且近年来的地位又由现代汉民族共同语提高为国家通用语言文字。我国少数民族人口虽少，但语言文字使用情况较为复杂，大致可分为有语言有文字、有语言无文字、无语言无文字这三类②。据统计，除回族、满族没有民族语言，其余 53 个少数民族使用着 120 余种不同的语

---

① 国家教育委员会，国家民族事务委员会．关于加强民族教育工作若干问题的意见［EB/OL］．（1992－10－20）［2023－11－14］．https：//law.lawtime.cn/d499248504342.html.
② 滕星．中国少数民族双语教育研究的对象、特点、内容与方法［J］．民族教育研究，1996（02）：44－53.

言①，有与民族语言相一致文字的少数民族有 20 多个。

语言是文化的重要载体，民族地区语言教育的有序开展，对于维护少数民族地区长治久安和推动区域经济发展具有深远意义。我们要从铸牢中华民族共同体意识的高度将民族地区语言工作抓实，既遵守《中华人民共和国宪法》规定的"各民族都有使用和发展自己的语言文字的自由"，又"要坚定推行国家通用语言文字教育，逐步提高群众使用国家通用语言文字的意识和能力"②。但"学生从各自社会背景中获得的'文化资本'是有差异的"③，少数民族学习国家通用语言文字时，因为受语言间存在的语音、文字、词汇、语法或修辞等方面的差异影响，语言知识与能力的获取难度比学习本民族语要大，加之缺乏能够耳濡目染的通用语家庭语言支持，对典故、成语、谚语、历史故事等所承载的深层次文化现象难以理解。所以，民族地区的通用语教育，应该从民族性格、思维习惯、知识起点、能力起点、文化起点等方面入手，从师资配备、教材选用、教学实施、教学评价等多个角度，着力关注第二语言学习与第一语言学习的差别。比如，在面向少数民族教师的国家通用语培训中，增设汉语写作、阅读、书写的内容以弥补他们书面语言能力的短板。

反之，如果用同一种语言教育模式去培育不同的语言学习主体，结果必然是同质化，最后既无法保护少数民族语言及文化的多样性，又反过来阻碍少数民族人民语言情感及能力的发展。不同民族间的语言在语音、词汇、语法、思维方式上都存在着或多或少的差异，各类语言学习材料的编写及语言课程的设置应充分考虑到各民族学生的认知结构与经验模式，有的放矢，灵活处理。

（三）加强民族语言文化教育的统筹指导

目前全国各地统一使用统编语文教材开展国家通用语言教育，该教材

---

① 孙宏开，胡增益，黄行. 中国的语言 [M]. 北京：商务印书馆，2007：67 - 68.
② 习近平. 牢牢把握新疆在国家全局中的战略定位　在中国式现代化进程中更好建设美丽新疆 [EB/OL]. （2023 - 08 - 27）[2023 - 11 - 24]. http.//www. hunan. gov. cn/hnszf/sy/ttl/202308/t20230827_ 29469639. html.
③ 吴永军. 课程社会学 [M]. 南京：南京师范大学出版社，2001：250.

以"以文化人"为宗旨，是提升国家通用语言文字运用能力和培育中华民族共同体意识的重要载体，并且在一定程度上也关注了服饰文化等少数民族传统文化，体现了良好的"大中华"意识。但由于与统编教材使用同步推进的还有学校主要教学用语的改革，即学校主要教学语言从教材改革前的民族语言改为国家通用语言，这种改革使得国家通用语言掌握程度低的少数民族学生在理解课程内容时面临较大挑战，容易引发一些不良情绪。针对目前过渡时期的这一特殊情况，为降低少数民族学生所面临挑战的难度，一方面要优化通用语教育内容与方式，加速提升通用语教育效率，缩短转型所需时间；另一方面要加强对学校开展民族语言文化教育的统筹指导，统一组织审核修订原有面向少数民族开设的校本课程教材，制订上述教材继续面向少数民族学生使用的指导意见，并通过民族故事讲述、民族习俗体悟、民族物质文化展陈等多样化校园活动形式，保障民族语言文化的学校教育路径通畅，从而满足少数民族学生的特殊情感需求，同时也促进少数民族语言文化的科学保护。

第四章
小学语言教学：语文课"教—学—评"一致性观察

2022 版《义务教育课程方案》要求在课程实施中改进教育评价。作为教育评价的新概念，"教—学—评"一致受到理论界与实践界的高度关注，课堂也成为落实"教—学—评"一致理念的主要场域。基于课堂的"教—学—评"一致，"教"是指教师根据课前确定的教学目标开展课堂教学的活动，"学"是指学生在课堂中呼应教师教学设计而表现出来的学习行为活动，"评"是指教师围绕教学目标而制定以师生互相作为主客体的过程性评价方案及以口语、纸笔、操作表演等方式①开展评价的过程。而关于"一致"，"教—学—评"一致概念的最早提出者科恩认为是指教学中设计条件和预期的教学过程和结果的匹配程度②，崔允漷等认为"一致"可区分为两种——针对教师课堂教学（主要设计特定教学活动中的教师的教、学生的学以及学习评价应该具备在目标导向下的一致性）和针对教师的教、学生的学与命题专家的命题应保持目标的一致性③，本研究基于课程方案作为一个评价新概念而要求的课程实施立场，倾向于崔允漷等的第一种界定。总之，在研究中，"教—学—评"一致是指教师的教学目标及实施、学生的课

---

① 崔允漷，雷浩. 教一学一评一致性三因素理论模型的建构［J］. 华东师范大学学报（教育科学版），2015，33（04）：15－22.

② Cohen S A. Instructional alignment：Searching for a magic bullet［J］. Educational Researcher，1987，16（8）：16－20.

③ 崔允漷，夏雪梅. "教—学—评一致性"：意义与含义［J］. 中小学管理，2013（01）：4－6.

堂学习过程、教师的形成性评价任务与评价标准的匹配程度，本研究基于这一认识而开展。

第一节　教学目标与教材目标的沟壑

"教—学—评"一致真正产生价值的逻辑前提是教学目标与教材目标保持一致。为此，本研究采用课例观察的实证研究方法，对 2019 年至 2023 年 9 月小学语文教学中课堂目标与教材目标的一致性现状展开调查分析。

一、研究设计

（一）确定课例的原则

本研究的样本，均来自期刊《小学语文教学》近 3 年刊载的教学实录。如此抽样的原因如下：

第一，符合抽样的随机原则。随机是抽样的第一原则，期刊所刊载的教学实录来自不同地区、不同职称、不同篇目乃至不同课型，具有较好的随机性。

第二，有利于确定教学目标。公开发表的教学实录通常包含教师的目标设计和评价反思，有利于确定教师的教学设计思路及意图，从而方便通过数据统计判断其教学目标与教材目标的一致性程度。

第三，质量和数量能得到保证。小学语文教学实录的来源很多，之所以选择《小学语文教学》，是由于该刊物是我国创办最早的小学语文教学专业性期刊之一，而且其下旬版发表的教学实录比较集中。

（二）确定课例的步骤

本研究以时间为序，以统编教材全国通用为起始点，对《小学语文教学》2019 年 03 期到 2023 年第 18 期所发表的教学实录进行排序，共得到教学实录论文 181 篇。为得出更准确的研究数据，实现研究目标，我们对这 181 个教学实录进行了四轮筛选，最后得到 28 篇进入数据分析。具体筛选步骤为：

第一轮筛选，以课例教材出自统编小学语文教材为前提。通过比对选文的来源，剔除了181篇中的2019年教学实录中包含其他版本的12篇，剩余169篇。

第二轮筛选，以教学实录中写明了教学目标为前提。以实现研究目标为导向，去除了未写"教学目标"的教学实录104篇，剩余65篇。

第三轮筛选，以教学实录所对应的教材板块能体现出较明晰的教材目标为前提，删除了群文阅读、跨学科活动、教材外的绘本等教学实录29篇，保留了对应教材课文、快乐读书吧、口语交际、习作这四个板块的教学实录36篇。

第四轮筛选，以课时完整为前提。一个教材内容如果被分为两个及以上课时，而刊物只选择了其中一个课时，则不太方便评判其教学目标是否完整。将这类情况的8篇实录去掉后，最终保留了28篇教学实录。这28篇教学实录的来源，请参见附录三。

（三）课例筛选的结果

这28篇教学实录的选文数量、分布位置都不均衡。从年级来看，每个年级均有分布，但集中于中段的三、四年级；从教材位置看，在所涉及的四种教材内容板块中，针对课文的教学实例最多，达到了17篇（60.71%），针对口语交际的只有1篇（3.57%）。具体如表4-1。

表4-1 教学实录所对应教材板块的统计表

年级	教材位置				
	课文	快乐读书吧	口语交际	习作	总计
一年级	4	1	0	0	5
二年级	1	1	0	0	2
三年级	5	1	1	0	7
四年级	5	1	0	2	8
五年级	1	2	0	1	4
六年级	1	1	0	0	2
总计	17	7	1	3	28

通过期刊、公众号等渠道获取到任教老师的相关信息。从职称看，可将他们分为"一级及以上"和"未公布职称"两类，其中，一级及以上教师共 11 名，包括 2 名正高级教师、1 名教研员；而通过梳理可知，职称为一级及以上的教师和未公布职称的教师均属于某名师工作室的成立者、主持人或成员，由此可判断，未公布职称的名师工作室成员大多可能是青年教师，但在名师工作室的指导下，其教学水平可能也高于同等条件下的一般青年教师。另外，从任教地区看，课例中的任教老师大多来自沿海地区，且一级及以上职称的教师比例较高，如北京、山东和江苏的一类教师数量大于 2 位，但河南和重庆的教师基数均仅 1 位，不能直接评价其师资水平。具体分布如表 4 – 2。

表 4 – 2　教学实录任教老师的职称及地域分布

职称	分布地域							
	北京	山东	江苏	浙江	广东	河南	重庆	总计
职称为一级及以上	4	2	2	1	1	1	0	11
未公布职称	1	1	3	2	7	0	1	15
总计	5	3	5	3	8	1	1	26

（四）教材目标的确定依据

教材目标指教材内容所反映的应达到目标。前文提及，本研究所选 28 个教学实录来自教材中的课文、口语交际、习作、快乐读书吧，这 4 个板块的教材编写风格不同，判断其编写目标的依据也各不一样。其中，一年级、二年级统编版语文教材分拼音、识字、课文构建单元体系，所以课文、口语交际、快乐读书吧这 3 个板块的教学目标，均以单篇的教学内容、语文园地及栏目中相关提示作为参考。如拼音单元的每一课都含有字母、情境图、音节、词语、儿歌、识字、拼音、书写 8 个部分，教学时既要考虑这 8 个部分的内容综合备课，体现其内在联系，同时还要参照语文园地的"字词句运用"板块，将拼音学习与学生生活建立联系以提高教学的效率。[①] 三年级

---

① 曹利娟. 明确目标，提高汉语拼音教学效率——统编本教材汉语拼音教学研究［J］. 小学语文教学，2019（34）：50 – 51.

的教材根据人文主题和语文要素编排单元，同时加入了习作栏目，所以分析教材中的课文、口语交际、习作和快乐读书吧的设计目标，不仅要以各板块的教学提示为基础，还要将单元导语中的人文主题、语文要素纳为重要参照标准。

（五）教学目标与教材目标一致性的结果分类

以教材目标作为参照，可将教学实录中的教学目标分为五种类型：一是与教材目标完全一致（以下简称"完全一致"）；二是达到并超出了教材目标（以下简称"仅超目标"），超出的目标可能是纵向拔高，也可能是横向增多，如《要下雨了》一课的目标"让学生产生观察自然的兴趣"已延伸至课外；三是仅少于教材目标（以下简称"仅缺目标"）；四是既有超出目标之处，又有缺教材目标之处（以下简称"超缺目标兼有"），如《宝葫芦的秘密（节选）》的超目标为"朗读课文"，缺目标为课后习题的"默读课文"；五是与教材目标完全不一致（以下简称"完全不一致"），如《和大人一起读》整本书阅读，将课堂目标集中于童谣教学，偏离了快乐读书吧栏目中的"激发学生阅读兴趣"目标。另外，由于"仅超目标"以目标一致为基础，所以为了方便行文，本研究在相关表述时，也将"仅超目标"和"完全一致"都归属于"完全一致"的情况。

二、研究结果及原因分析

（一）教学目标与教材目标的一致性整体较弱

经逐一对照统计，发现近年来小学语文课堂教学目标与教材目标的一致性较弱。如表4－3所示，28篇教学实录中，教学目标与教材目标"完全一致"的仅7篇（25%）；"仅超目标"的占比最大，有11篇（39.3%）；"超缺目标兼有"的有9篇（32.1%）；"完全不一致"的也有1篇（3.6%）。

（二）教材板块是影响目标一致性的重要原因

通过比较课文、快乐读书吧、口语交际和习作这4个板块的目标一致性（含"仅超目标"和"完全一致"，后文谈及"一致"时含义与此同）百分比，发现 4 个板块的一致性表现呈现较大差异。其中，课文类课例的一致性高达 70.6%；习作类课例的情况包含"仅超目标"和"超缺目标兼有"，其一致性比例为 33.3%；快乐读书吧类课例的一致性包含了"仅超目标""超缺目标兼有"和"完全不一致"三种情况，通过计算可得其一致性比例为 57.1%；口语交际类课例仅 1 个，属于"仅超目标"，一致性可计为 100%，但由于课例过少，不能判断口语交际教学的目标一致性都很高。具体如表4 – 3。

表4 – 3　教材板块对教学目标与教材目标一致性的影响

	课文	快乐读书吧	口语交际	习作	总计
仅超目标	5	4	1	1	11
仅缺目标	0	0	0	0	0
超缺目标兼有	5	2	0	2	9
完全不一致	0	0	0	1	1
完全一致	7	0	0	0	7
总计	17	7	1	3	28

导致这种差异的原因，主要是教材各板块提示的目标参照存在差异。其中，课文类课例的最全面，涉及单元导语中的人文主题和语文要素、略读课文前的阅读提示，课文内容（如一类字、二类字）的提示信息、精读课文的课后题、单元后的语文园地。口语交际类教学目标的参照依据，涉及单元人文主题、语文要素、"小贴士"及交际活动的导语图片及相关文字等。[①] 习作教学的参照依据，涉及人文主题、语文要素、具体的习作要求。快乐读书吧的参照依据，涉及人文主题、语文要素、"快乐读书吧"栏目的阅读主题推荐、阅读习惯提示、阅读能力培养要求等。[②] 此外，这些所提示

---

① 韩素静. 制订教学目标有依据　设计教学流程有目的——浅谈统编小学语文教科书教学目标和教学流程的设定［J］. 小学语文，2019（10）：48 – 51.
② 林燕. 立足"三精""一例"尽其用——统编语文教材习作单元"习作例文"教学策略研究［J］. 教育科学论坛，2021（22）：14 – 17.

内容的载体也存在差异，有的以文字为主，有的以图片为主，有的只有图片没有文字，一般而言，文字类的表意更明晰精准，而其他类型的内容，教师进行二次理解的难度则要高一些，增加了精准拟定教学目标的难度。

（三）超目标的能力点随年级升高而深化

通过分析存在"超目标"的教学实录的具体内容得知，低年级课例的超能力素养点，主要是夯实基础技能、结构化知识总结、塑造情感态度价值观、培养学习习惯和态度；中高年级课例的超目标，在内容类型上对低年级的延续，包括深化基础技能、延伸梳理探究性活动、尝试挖掘文化资源、保持学习习惯与态度。可见，"超目标"蕴藏的能力素养点随年级升高而不断深化，低年级更重视学习习惯与学习动机的培养，中高年级则偏重自主学习能力的培养。

（四）教师认知是造成缺目标的主要原因

说有容易说无难，因此，本研究仅将明显缺失了各板块对应题目或能力要求的情况判定为"缺目标"。如习作《生活万花筒》教学实录，缺少了习作要求中的"学生互评修改"；快乐读书吧《小鲤鱼跳龙门》教学实录，缺少了教材中的"提取书本封面的信息"和"养成读书好习惯"；整本书阅读《童年》教学实录，缺少了"通过人物关系读懂故事内容"和"通过情节理解人物"。

这些缺失，主要涉及基础能力目标和阅读方式，都与教师的认知有关。其中，基础能力目标的缺失反映了教师对识记与理解的轻忽，如《夜宿山寺》教学实录中缺少了"背诵课文"和"用自己的话阐述想象画面"的目标，教师在目标的设定中没有落实最基础的能力，虽然学生具有差异性，但基础能力的训练有助于教育公平的实现，从目标到教学的过程都应贯穿教育公平的理念。另外，有的教师对阅读方式的认识很模糊，如《我变成了一棵树》《宝葫芦的秘密》《精彩极了和糟糕透了》和《猫》这几篇教学实录，都将教材目标"默读课文"或"背诵课文"替换成了"朗读课文"，混淆了朗读侧重理解、背诵侧重积累、默读侧重思考的界限。

（五）高职称教师的目标一致性或许更高

统计得知，职称为一级及以上的教师对教材目标把握更准，其教学目标与教材目标的一致性高于职称未知的教师。其中，教学目标与教材目标"一致"的教学实录，一级及以上教师执教的为 10 篇，高于职称未知教师执教的 8 篇。值得注意的是，职称未知的教师可能因为更年轻、更敢于尝试，所以他们所教内容涉及快乐读书吧、口语交际和习作等更多板块的课型，相对一级及以上教师执教内容所聚焦的课文而言，这些板块的教材本身对教学目标的提示相对更少，或许这也是导致一致性降低的原因。

第二节 未能构建完整的语言能力

如所周知，文化自信、语言运用、思维能力、审美创造这四项语文核心素养中，语言运用是形成其他三项核心素养的基础。如第一章所述，语言能力由语言知识、语言文化、语言运用、语言态度、语言评价、语言意识共六个维度构成，这六个维度又两两结对，构成语言领悟力、语言执行力、语言监控力这三项语言能力的子项能力。那么，本研究所观察的 28 个课例，其教学目标是否构建了完整的语言能力？在《义务教育语文课程标准（2022 年版）》（以下简称《课程标准》）所划定的识字与写字、阅读与鉴赏、表达与交流、梳理与探究 4 种语文实践活动中，又各自有怎样的表现？本研究以语言能力六个维度和语文实践活动四种类型作为标准，对 28 个课例的教学目标进行切分，统计出现频次，绘制教学目标指向的语言能力分布表，如表 4 – 4。

该表数据，有两点需特别说明：其一，遇到同篇课例的多个教学目标指向六个维度当中的同一语言能力维度时，我们以篇为单位，每篇中指向同一个语言能力维度的情况计 1 次，不管该情况出现多少次都只计作 1 次。其二，语言知识和语言运用的归类存在模糊区域，本研究认为，语言知识与语言运用所对应的学习活动目标涉及三个层面——获得理论知识、学习操作方法以及朗读、默读、背诵、信息记忆、信息提取等外显化的语言具体运用，其中，获得理论知识归属于语言知识维度，学习操作方法归属于语言能力维度，学习如何朗读、默读、背诵、信息记忆、信息提取等属于语言能力维度，但纯粹的机械背诵、记忆与有口无心的朗读等，因为不涉及能力提高，所以既未归入语言知识，也未归入语言能力。

表4-4　教学目标指向的语言能力分布表

	语言知识	语言文化	语言运用	语言态度	语言评价	语言意识
识字与写字	3	0	3	1	0	0
阅读与鉴赏	16	1	21	7	0	0
表达与交流	2	0	4	2	1	0
梳理与探究	0	0	0	0	0	0
小计	21	1	28	10	1	0

注："梳理与探究"都为0，与28个课例中无综合实践活动等专门的对应课型有较大关系。

一、语言领悟力：重知识轻文化

根据表4-4可知，关于语言领悟力，老师们制订教学目标时，重视语言知识（21次）却轻视语言文化（1次），二者出现频率相差巨大。另外，从四种实践活动的覆盖情况看，语言知识目标几乎覆盖了所有课例和年级段，且出现最多的实践活动是阅读与鉴赏（16次），唯一的一次语言文化目标也出现在阅读与鉴赏。

之所以出现这种情况，与《课程标准》对语言知识和语言文化的规定差异有较大关系。一方面，语言知识目标分布于所有年段的识字与写字、阅读与鉴赏、梳理与探究三大实践活动中，如在第一学段中，识字与写字活动要求"掌握汉字的基本笔画和常用的偏旁部首"，阅读与鉴赏活动需要"认识常用的标点符号"；第二学段的梳理与探究活动也要求"尝试发现所学汉字形、音、义和书写的特点"。另一方面，在《课程标准》的学段要求中，语言文化目标的分布较少。虽然每个年段目标后都有与文化相关的总结性目标，但与语言知识目标相比，语言文化在实践活动中的目标不够具体明确，与此相关的目标仅出现在第二学段的识字与写字、表达与交流这两类实践活动中，分别为"初步感受汉字的文化内涵"和"主动参与日常生活中的文化活动，根据不同的场合，尝试运用合适的音量和语气与他人交流，有礼貌地请教、回应"。

二、语言执行力：运用与态度均受重视

如表4-4所示，教师们在制定教学目标时比较关切语言执行力，对其语言运用（28次）与语言态度（10次）的关注度都较高，而且覆盖了识字与写字、阅读与鉴赏、表达与交流这三种有入选课例的语文实践活动。此外，每篇课例都包含了语言运用目标。

个中原因，仍然是得益于《课程标准》的引导。首先，《课程标准》对中华文化自信的引导，基本都着眼于语言态度，着眼于热爱国家通用语言文字。具体体现于课例则为"激发识字兴趣""热爱古诗文"等目标。其次，语言行为目标与语文核心素养之语言运用相契合，比如"正确朗读课文"的口头语言表达目标，"尝试按照游览顺序表达"和"学习从看到的、听到的、想到的三个角度写清楚事情"的书面语言表达目标，"运用'提问'的阅读策略提升阅读能力"的语言运用策略目标等，均属于此类。

三、语言监控力：评价与意识都基本缺位

如表4-4所示，教师们制订教学目标时，基本没有关注语言监控力——语言评价和语言意识这两个维度，仅语言评价目标在表达与交流这一实践活动之中出现过1次，即口语教学课例《趣味故事会》设定了"同伴通过练习给出建议"与"让学生当评委评选故事大王、最佳听众"两条语言评价目标。更甚的是，即使在教材对语言评价有明确要求的情况下，教师在实际教学中也选择性地予以了忽略。如《生活万花筒》这一习作活动，教材要求"同学互评，参考同学的建议修改"，但课例中缺少该目标；《"动

作描写"习作指导课》也缺少"根据同学的意见进行修改"的目标。

至于语言意识这一维度，课标中既无明确定义，也无具体目标要求。2022 年版《义务教育语文课程目标》中，只有"核心素养内涵"这一大点中的"有正确、规范运用语言文字的意识和能力"与语言意识相关。这种规范运用语言文字的意识类似于元语言意识，可以教会学生分析语言的形式和内容，是教师在语文教学中应该给予的学习支架，然而这种支架式的教学目标在现实课例中并无明确体现，亟须补足。

第三节 "教—学—评"一致性的整体案例分析

为了探究同一节课内部的"教—学—评"一致性现状①，下文将对 28 个课例中所挑选出来的 3 个课例进行整体案例分析。这三个课例来自低、中、高三个学段，分别属于教材的识字课文、阅读单元、快乐读书吧三个不同板块，"教—学—评"一致性也体现了不同水平。分析的视角，考虑到了教、学、评的三位一体性，以及三者间理论上存在的四种可能关系——"三者之间均一致""两两之间均不一致"以及"教与学一致、学与评不一致"或者"教与学不一致、学与评一致"时均连带出现的"评与教不一致"，故每个课例都仅从"教与学""学与评"这两个方面的一致性来具体展开讨论。

一、课例 1：一年级《对韵歌》

课例 1 执教的是一年级上册《对韵歌》②，教、学、评一致性程度较高。如表 4 - 5 所示，教学目标 1 主要对应教学环节一，但培养习惯的目标贯穿了整个课堂；教学目标 2 和 3 都对应了教学环节二和三。

① 课例分析时，"教"对应教学实录中已用一、二级标题标示了的教学活动；"学"指学生的实际学习过程或结果；"评"指教师或学生对学习过程的评价内容。"学"和"评"的内容由笔者分析教学实录概括得来。

② 李凤君，薛炳群. 统编本一上《对韵歌》教学实录及评析［J］. 小学语文教学，2019（18）：25 - 29.

表 4 – 5　《对韵歌》"教—学—评"一致性的案例分析表

教学目标	实际的教		实际的学	实际的评价
	一级标题	二级标题		
1. 通过多种方法培养课堂学习习惯。2. 不同方式认识生字、激发识字兴趣，多方式引导学生发现对子的特点。3. 正确流利朗读课文，背诵课文。	环节一：课前游戏互动，培养习惯	自我介绍，相互认识	认识任课老师，学会介绍老师	评价了学生的介绍内容
			培养发言举手的习惯	及时纠正了学生发言不举手的不良习惯
		巧用游戏，训练习惯	练习了坐姿、认真听讲、按规则举手回答问题，认识坐端正、表扬、不要说话的手势	再次及时纠正发言不举手的习惯、表扬坐姿和举手回答的学生、表扬学生们参与游戏、表扬猜出不说话手势的学生
	环节二：复习回顾，初读感知	复习旧知，导入新课	正确读"金木水火土"，且读出了停顿和节奏（拍手读）	表扬学生读得正确；引导学生读出停顿的方法：看标点、看教师手势的快慢来控制读的速度
			正确读"对韵歌"题目	用手势和语言表扬个别同学读得正确
		初读课文，训练读姿	三位学生领读，其余学生看屏幕跟读	表扬学生读得正确
			看教师指着屏幕齐读	表扬两组同学的坐姿和倾听，奖励红旗
			听第二遍范读并自读	评价学生读的速度过快，说明了自读与齐读不同的具体内容
			两个学生单独读	评价一个学生声音清楚、洪亮
		朗读比赛，激发兴趣	分行看屏幕朗读	表扬并批评个别同学没有认真倾听
			看书指读	评价指着会读
			拿书读	—
			分行拿书比赛读	表扬集体朗读，用语言和手势表扬个别同学读完后的合书速度

（续表）

教学目标	实际的教		实际的学	实际的评价
	一级标题	二级标题		
	环节三：多种形式，识字生字	"开火车"读，初步识记	个别轮流看着屏幕读《对韵歌》的生字词，其余学生跟读	表扬个别学生读得正确，声音洪亮、好听
		卡片认读，激趣识记	读卡片上的字并组一个词	—
		贴字游戏，巩固识字	通过找朋友的游戏巩固词语，再齐读字词	集体表扬回答问题的学生
		借助板书，初识对韵	通过对比字的个数找到了对子的规律，且对子不能乱对	表扬学生会发现规律
		答疑解惑，理解词语	提出问题，并通过图片理解了个别字词的意思（水秀、柳绿桃红）	表扬学生会思考，能大胆提问
		背诵积累，回顾提升	通过支架式的方法背诵了课文	集体表扬学生完成背诵
	环节四：小组评价，课堂总结		共同评价优秀小组	当众奖励小组小红旗，激励其他学生向其学习

　　这个课例的"教"与"学"一致性程度较高。本课例的"教"指表格中"实际的教"，一级标题和二级标题均是教师拟定的，且一级标题包含了二级标题中的每一项教学活动。在第一个教学环节中，教师的教学过程是"课前游戏互动，培养习惯"，直接对应了二级标题中的"巧用游戏，训练习惯"，学生通过学习学会了坐姿与不同的教师手势。又因为是在陌生班级上课，老师在课前进行了自我介绍，并教会学生如何介绍老师，同时教师通过互动初步完成了培养学生学习习惯的目标，间接对应了一级标题中的

"培养习惯"。在第二个教学环节中，总教学过程为"复习回顾，初读感知"，其中包括了三个分过程：第一个分过程是"复习旧知，导入新课"，学生通过朗读上节课的字词过渡到新课；第二个分过程是"初读课文，训练读姿"，学生通过"领读、跟读、自读"等不同的方式朗读了课文；第三个分过程是"朗读比赛，激发兴趣"①，学生仍然通过不同的方式进行朗读，最后分行拿书比赛读。在第三个教学环节中，总教学过程是"多种形式，识字生字"，学生从识字组词过渡到理解词义，最后找出了对子的规律，并能背诵课文，② 从学生的学习过程看已经超出了识字的教学目标，符合总的教学目标。第四个教学环节是"小组评价，课堂总结"，所有"教"与"学"没有具体对应内容。

该课例"学"与"评"一致性程度较高，且体现了很好的针对性与具体化。第一，评价的针对性是教师根据学生的不同表现进行评价，主要包括表扬和批评两个方面，表扬的方式涉及知识巩固制和代币制，知识巩固制（将学习作为奖励，增加内驱力），如奖励坐得端正的学生先读字词，让学生再读一遍，物质代币制是奖励学生红旗，并在课后进行评比。第二，评价的具体性表现为教师口头评价内容的具体化，教师在评价对错的基础上还进行了学习方法的指导，如在教学环节二的"复习旧知，导入新课"中，教师先评价学生读"金木水火土"读得正确，然后提示学生看标点符号或教师手势读出停顿和节奏；教师在"初读课文，训练读姿"中纠正了学生读书的方式，通过语速、语调的差别教会了学生区分自读与齐读。

二、课例 2：五年级《快乐读书吧》

课例 2 执教的是五年级下册第二单元《快乐读书吧》③，教、学、评一致性中等，具体如表 4 - 6。其中，教学目标 1 对应了教学环节一和二，教

---

① 因为从教学实录不能观测学生参与的积极程度，所以无法判定教学环节二的"朗读比赛，激发兴趣"，教学环节三中的"卡片认读，激趣识记"和"学"是一致的。

② 在教学环节三中，"背诵积累，回顾提升"中的"提升"是隐性的学习结果，无法判定和"学"是否一致。

③ 林科. 核心素养导向下的作业设计——五下第二单元"快乐读书吧"教学实录 [J]. 小学语文教学，2022（15）：42 - 45.

学目标2对应了教学环节三，教学目标3对应了教学环节四和五，教、学、评内部基本一致。

表4-6　五下第二单元"快乐读书吧""教—学—评"一致性的案例分析表

教学目标	实际的教	实际的学	实际的评价
1. 通过游戏回顾旧知，激发阅读古典名著的兴趣。 2. 学习关注"回目"这一阅读古典名著的方法。 3. 借助绘制海报，评说《西游记》这本书的精彩之处。	环节一：课前游戏，激发兴趣	通过四大名著的图片、情节片段、回目、歌词判断其出处	评价学生很了解故事与历史
	环节二：闲聊名著，回顾旧知	回顾《西游记》的作者、任务和情节	概括学生的回答内容是主要人物和故事情节
		回顾《西游记》故事的历史原型	表扬学生，并总结了解历史背景的读书方法
		总结《西游记》小说的特点	统一表扬学生
	环节三：关注回目，学习方法	了解回目的含义、特点、作用	通过引导式的谈话，追问并总结回目的含义、特点和作用
	环节四：聚焦情节，感受精彩	通过教师提供的支架学会分析情节和人物的方法	无直接对分析情节的评价，顺势引导学生完成任务，肯定了学生的人物分析
		自主选取回目或片段，利用不同的图示梳理情节，讲述精彩部分，点评主要人物	表扬了两个小组用不同的图示梳理清楚了情节
	环节五：通过内容，体会价值	体会到故事中复杂的思想内容	总结了学生的回答
		体会了故事的深刻寓意与真实动人的人物形象	统一表扬了学生有自己的理解和体会
	环节六：课堂总结，拓展延伸	观看视频	—

该课例中的"教"与"学"基本一致。教学环节一当中，无法判断学生通过猜测四大名著的游戏是否被激发了兴趣。教学环节二，学生通过从作者、情节、小说文体特点等方面回顾了旧知，与"教"是一致的。教学环节三，学生了解了回目的含义、特点、作用，学习了通过看回目了解小说的方法。教学环节四，教师先为学生提供了分析小说情节和人物的范例，学生再通过小组合作分析了精彩的情节和人物形象。教学环节五，学生通过小组讨论完成了《西游记》价值的探讨任务，超出了课例原有的教学目标。教学环节六的"学"无法看出是否进行了"教"所要求的拓展延伸，无法判断"教"与"学"是否一致。

该课例中的"学"与"评"基本一致，且评价具有总结性和引导性。首先，总结性的评价不仅是教师对学生回答的总结，还集中在学习方法的提炼，如教师在教学环节二中总结了了解历史背景的读书方法，在教学环节三中总结了回目的含义、特点和作用。其次，引导性的评价具有推动教学的作用，如教学环节四中，教师问"精彩的片段是什么"，学生回答"孙悟空和牛魔王变化多端"，教师评价"孙悟空和牛魔王这么能变，分别变成了什么？圈出有关词语……"，教师的评价并未对学生的回答作出直接的评价，而是将评价和任务融合为一体，简单概括后直接引导到下一个任务。

三、课例 3：四年级《麻雀》

课例 3 执教的是四年级上册《麻雀》①，教、学、评的表现情况基本一致，具体如表 4 – 7。其中，教学目标 1 对应了教学环节一、二、三，教学目标 2 对应了教学环节二，教学目标 3 对应了教学环节三、四、五，综合而言，教、学、评基本一致。

---

① 张玲玲，金立义. 精准实施　指向表达——《麻雀》教学实录及评析［J］. 小学语文教学，2021（30）：38 – 41.

表 4-7 《麻雀》"教—学—评"一致性的案例分析表

教学目标	实际的教	实际的学	实际的评价
1. 识记本课的生字。正确、流利、有感情地朗读课文。2. 学习把事情的起因、经过、结果交代清楚。3. 学习通过把看到的、听到的、想到的写下来，把事情的重点场景写清楚。	环节一：认识麻雀，导入课题	通过单元导读明确目标；了解了题目中"雀"字的意思	—
	环节二：初读课文，整体感知	读课文的生词，了解了"似"的读音，看图理解词语"挓挲"	评价学生读得准确，并单独提示了多音字"似"的读音
		梳理了故事角色	—
		梳理了故事的起因、经过、结果	评价学生会概括
		两位学生用自己的话概括了故事内容	评价学生能用简洁的语言概括故事内容，并点明按事情发展顺序写清楚事情
	环节三：精读入境，感悟课文	通过反复读句子理解小麻雀和无助猎狗的凶恶	—
		通过反复读句子和想象画面体会情况的紧急和老麻雀的勇敢、母爱	评价读得不够紧急
	环节四：总结提升，研究写法	通过表格分类句子，知道从看、听、想三个角度来写重点部分的写作角度	评价学生会发现、思考，同时点明了写作角度
	环节五：总结写法，学以致用	通过老师总结回顾了学习内容：按起因、经过、结果的顺序写，从看、听、想三个角度写清楚重点部分	—
		从视频中选取重点描写场景	评价说得真好

该课例中的"教"与"学"基本一致。在教学环节一中，教师想让学生"认识麻雀，导入课题"，学生通过"雀"这个字的构造认识了麻雀，除

此之外，还通过单元导读知晓了学习目标。在教学环节二中，学生从解决生字词到梳理故事角色、起因、经过和结果，完成了初读课文的教学目标，对课文也有了整体的感知。在教学环节三中，学生通过反复朗读描写麻雀和猎狗的句子体会了角色形象，虽然读的时候加入了想象情境，但这种没有分析词句表达形式的反复朗读不一定能有效地促进学生体悟语言，与"精读入境"的教学目标有所偏离，所以无法判定此处的"学"和"教"是否一致。在教学环节四中，学生通过教师提供的支架对句子进行了分类，知道从看、听、想三个角度来写重点部分的写法。在教学环节五中，学生的"学"仅仅是个别学生进行口头表达，且并没有完成练笔，无法评判是否完成"学以致用"的教学目的，所以此环节也无法判定"教"与"学"是否一致。

《麻雀》的"学"与"评"一致性程度较低，主要是因为评价缺失。首先，一些"教"和"学"对应的评价内容缺失，评价语缺失的可能原因有：一是教师的有意忽略，如一些简单的知识问答或学生的集中展示，教师需要为学生留出表达的空间而有意不评价，这种情况属于积极性评价；二是教师无意忽略，比如教学环节三，学生反复朗读了猎狗和小麻雀的句子，但教师没有对学生的朗读进行即时反馈，反而继续请不同的学生朗读，所以无法判断"学"与"评"的一致性。

第四节　"教—学—评"一致的优化建议

一、强化课标的产出导向

从语言能力培养的"教—学—评"一致的视角，语文课程标准应该加强两方面的导向作用。第一，进一步完善语言能力的内涵界定，并将其内涵与三个学段、四种语文实践活动有机穿插、整体构建，形成对教学更明确的导向。2022年版《义务教育语文课程标准》在阐释"语言运用"的内涵时，提到了语感、语言知识、语言意识、沟通能力、语言情感等要素，但未明确涉及语言评价、语言反思意识以及具体言语所反映的中华文化。

课程标准首先应基于语言教育的视角完善语言能力的内涵，同时要将语言能力内涵作为暗线，全方位、无遗漏地贯穿在识字与写字、阅读与鉴赏、表达与交流、梳理与探究四种实践活动的低、中、高三个学段当中。第二，学业质量评价应加强评价内容与评价形式指导的可操作性。出于对多年来语文教育之纸笔测试、应试教育等评价路径的依赖，口语、整本书阅读、梳理与探究的评价以及语言文化、语言态度的评价在一线实践中几乎还是零起点，有些学校甚至直接忽略这些板块的教学，而这些内容却是语文核心素养培育极不应该忽略的部分。在一线还不具备相应意识和相应能力的真实时代背景里，《课程标准》的导向作用就应得到更加有力的发挥。

二、明晰教材的编写意图

从教材编者的意图到教师的课程实施，必然会经历信息衰减，要减少衰减而使教师更忠实地实现课程标准与教材的意图，教材就必须尽量使意图明晰化。如本章所发现的事实所示，因为阅读课文所提供的教学目标具有更丰富的参考依据，呈现参考依据的载体更偏向表意清晰的文字而非仅仅给出一个主题、一张图片，所以，相对于快乐读书吧、口语交际、习作等板块内容的"教—学—评"一致性较弱情况，阅读课文的"教—学—评"一致性表现要强得多——教学目标与教材目标完全一致的课例全部出现于阅读课文。因此，为使教学目标与教材目标保持高度一致，教材就必须高清晰度地呈现自身目标。

三、强化教师的教材使用意识

一方面，教师要了解教材各板块的独有价值。统编版小学语文教材在21世纪初人教课标版教材的基础上，增加了和大人一起读、快乐读书吧、习作例文、阅读例文等内容板块。这些板块都有其独特价值，广大教师要改变使用此前教材时更看重课文甚至只看重课文的思想，研读教材时要兼重其他板块，甚至应该要对不熟悉的板块更为关注，从而跟上新教材、新课标的步伐，将培养学生语文核心素养落到实处。另一方面，教师要树立整体教材解读观。2022版《课程标准》所更新的课程内容、实践活动和学习任务群使语文教学进一步走向了科学性、有序性和系统化。[①] 无论哪一个教学内容，都是"教材中的这一个教学内容"，解读教材不能脱离整体系统而天马行空。比如，《颐和园》的教材定位是习作例文，是精读课文和单元习作之间的连接点，制定教学目标时，就不能把它当成一篇阅读课文，而应立足于单元整体明确目标，略教或不教本单元精读课文中已有的内容，补充单元习作中未涉及的表达方法，实现教学效益的最大化。

四、基于公平设定教学目标

本研究所分析的教学实录一定程度表现了对基础能力的忽略，而要从源头实现教育公平，恰恰需要落实教材中基础性的语言能力。虽然学生们的发展在客观上存在差异，教师可以根据班级整体水平调整基础目标与拓展目标（如《夜宿山寺》教学实录的实施地点是水平较高的北京亦庄实验小学，教师将教学目标进行了拓展），但教学内容仍然必须涵盖基础性的目标。

五、提升设计的"教—学—评"一致观

教师应该更加关注课堂内部的"教—学—评"一致。首先，对标教材确定教学目标后，落实好"教什么"与"如何教"这两项关于"教"的设计。因为"教"与"学"的不一致往往由于"教"的偏离，"学"是根据"教"而产生的活动，教师作为引导者，设计符合教学目标的教学内容与符合学情的提问方式，"学生的学"与"实际的教"更能达成一致。其次，进一步重视语言教育的"评价"。"教—学—评"不一致也会因为"评"产生偏离，教师需明确语言评价的意义，认识到语言评价是有利于培养语言自我监控能力的活动。最后，教师需了解语文教学评价的特性，关注思想感悟、意志品格、审美情趣、生活体验等不方便量化[②]或其他可观察却不方便分析、解释的语文能力素养的评价路径摸索。

---

① 易进，姚颖，黄国威，等．《义务教育语文课程标准（2022年版）》解读（笔谈）［J］．湖南第一师范学院学报，2022，22（03）：44－56.

② 夏家顺．立德树人任务下的语文教学评价特质［J］．语文建设，2021（09）：50－53.

第五章
小学语言教育的学校支持：教师语言调查

    "凡是当教师的人绝无例外地要学好语言，才能做好教育工作和教学工作"[1]，"教师的语言修养在极大的程度上决定着学生在课堂上的脑力劳动的效率"[2]，教育家叶圣陶和苏霍姆林斯基这两句话，说的都是教师语言对于教育教学效果的保障功能，但实际上，对于处于语言学习关键期的小学生而言，教师语言还是他们鲜活而权威的语言学习模仿样本，是他们除语文、英语等专门语言课程之外的语言能力发展核心支持力量。为此，本章从调查小学各科教师的教育教学用语出发，通过观察和访谈，了解教师这一群学校内关键而特殊的成人对于小学语言教育的支持现状及其优化路径。

第一节　研究设计与实施

一、研究工具设计

（一）教学语言的观察维度
本研究根据教师教学语言的一般性认知，参照相关文献，尤其是曾晓

---

[1] 朱永新. 叶圣陶教育名篇选 [M]. 北京：人民教育出版社，2021：159.
[2] 苏霍姆林斯基. 给教师的建议 [M]. 北京：教育科学出版社，1984：11 – 12.

洁对教师职业语言科学性、交互性、艺术性的维度、要素及观测点的描述①，结合小学教师教学语言实际进行修改补充，最终制订出小学教师教学语言的科学性观察维度（表5-1）、交互性观察维度（表5-2）和艺术性观察维度（表5-3）如下。具体观察表见附录四。

表5-1　小学教师教学语言科学性的观察维度

维度	要素	观测点
正确度	语音	发音含糊；朗读时加/减/倒字；发音错误
	词句	学科术语错误；一般性用词不当；表述的内容错误
	板书与媒介语	知识性的内容错误；内容与教学目标不匹配；字形错误或字体不规范；笔顺错误；标点符号用错；出现病句
清晰度	基本思路	知识颗粒间逻辑关联不明显
	教育教学重点	讲授的教学时长不够；讲授时未抓住理解重点的关键环节
流畅度	语法	搭配不当；停顿不当；结构杂糅；成分残缺；成分赘余；语法性重音的位置错误；修补意图明显
	重复	口头禅；磕巴、无意义重复某句话

表5-1中，"一般性用词不当"指教师课堂教学使用的语句出现词汇误用，如词汇的含义不符合语境、词汇与其他句子成分的搭配不当等；"表述的内容错误"指教师课堂教学使用的语句表述的内容本身出现错误，如表述的内容与客观事实不符、引用的内容与原文相出入等；"知识颗粒间逻辑关联不明显"指前一内容或环节与后一内容或环节间的内在逻辑不明晰，前后关联度和顺畅度不高；"语法性重音的位置错误"指教师课堂教学时应根据语法结构的特点把句子的某些部分处理为重音②，引导听者把注意力放在重要信息上，把意思表达清楚。

---

① 曾晓洁. 教师职业语言能力是怎样的能力 [J]. 课程·教材·教法, 2018, 38 (08)：120-125.
② 重音不一定需要重读，也可以轻读，其主要功能在于区别于正常音量，从而引起特别的注意。

表 5 - 2　小学教师教学语言交互性的观察维度

维度	要素	观测点
学情关注度	提问次数	总提问次数；无意义提问次数
	提问对象	参与发言学生人数（提问对象覆盖面）
	知识信息	所传达知识量太多或太少；所传达知识量太深或太浅
	理答理疑	理答延展性；不能捕捉和应对存疑、反对、有价值的错答等关键性的学生自发反应；对象覆盖面窄
师生融合度	语种语音	师生语言一致；多语种转换速度；音量；整体语速
	板书	字迹；书写速度
	身体语言	眼神（与学生保持基本接触）；身体姿势（随教育教学需要变动）；不适当运用手势；不适合的伴语言声音
	身份	使用詈语或讽刺挖苦；有效表扬；有效批评

表 5 - 2 中，"无意义提问次数"采用郑国民等学者①对"群体无意识提问"的界定，即教师在课堂教学中为强调某一内容而提出的问题或者可称为习惯性问题，即学生在特定的情境中不需要做任何思考即可应答的问题，如"对不对""是不是""好不好""会不会""好吗""可以吗""记住了吗""喜不喜欢"等。"提问对象覆盖面"采用黄忠敬、邵亚芳②的提问覆盖率计算方法，即参与发言学生人数占学生总数的百分率。"理答延展性"指教师在点评学生回答问题的质量时，所表现出来的对于问题答案正确性的包容度与灵活性。"语种"在此是个宽泛的概念，既包括国家通用语言、少数民族语言、外语等通常意义上的语种，也包括各地方方言等语种变体甚至网络语言等社区方言，但均具有与常规用语不一致而引发学生某种注意的共同特点。"身体姿势"的要求是挺拔、稳重、积极。"伴语言声音"是指说话时连带出现的吧唧嘴巴等令人不适的声音。

---

① 郑国民，王媛媛，吴欣歆，等. 从数据角度看小学语文课堂教学中的"提问"［J］. 中国教师，2019（02）：56-59.

② 黄忠敬，邵亚芳. 问诊课堂提问，提高教学的参与度——上海进城务工人员随迁子女学校课堂质量观察报告［J］. 基础教育，2014（03）：98-107.

表 5 - 3　小学教师教学语言艺术性的观察维度

维度	要素	观测点及其反向指标
韵律 把握度	语调	一直使用同一种句调；句尾过多降调，令人压抑；语调与语境明显不匹配；陈述、感叹、疑问、祈使句的句调运用错误
	重音	基本没有轻重区别；强调性重音过多
	语速	基本没有快慢变化；语速与语境不匹配
	停顿	强调性停顿过多
遣词 造句 丰富度	典雅词句	使用典雅词句次数少；典雅词句使用不当
	句式	不能切换主动句与被动句；长句过多；不能适当切换整句与散句
	积极修辞	修辞格使用次数少；修辞格的运用种类不丰富
语言 机智度	幽默	不能领会学生的幽默；使用幽默的语言或副语言；表达幽默时基本没人笑
	自嘲	挨批评时反击次数多；挨批评时消极沉默；不主动谈及自身不足
书面 美感度	字体字号	结构不稳；笔迹粗细不统一；字的高矮大小参差难看
	排版布局	排版不整齐；行款不适合

艺术性是教师语言的提高性指标，故表 5 - 3 全部采用反向性观测指标。另外，"强调性停顿过多"是指由于可停顿、可不停顿处多处停顿，甚至出现读词化，从而造成整体语速过慢的一种官腔官调。"副语言"即无声语言，包括眼神、表情、身体姿态、手势、距离、着装等各方面。"书面美感度"中的"书面"，既包括了黑板白板上的板书，也包括 PPT 或教师在课堂上使用的其他富文本。"字体字号"中未包括字形错误或字体不规范、笔顺错误等，是因为这些均已作为教学语言科学性的观测点。

（二）管理语言的观察维度

本研究根据管理语言的功能，将教师日常管理语言区分为评价语言、引导语言、约束语言、情绪语言、惩劝与寻责语言①5 个维度。具体如下：

评价语言，指为反馈学生的表现而进行的表扬、鼓励和批评。

---

① 韦燕琼. 基于问题解决的教师课堂管理语言研究——以贵港市 S 小学为例 [D]. 南宁：广西师范学院，2017：9 - 10.

引导语言，指教师通过语言引导学生做出教师所希望的行为，如用"回答的声音响亮一点好吗"引导学生把说话声音放宏亮一些。

约束语言，主要用于维持纪律，包括约定语言、行为约束语言，前者指教师为尽快形成良好的班级秩序而在师生之间形成的固定口号，如"左手压书，右手指"，后者指教师约束学生动作行为的语言，如"请坐端正""不说话，不打闹"。

情绪语言，指教师通过表达自己的情感以唤起学生情感的语言活动，目的是使学生做出更好的行为，如"老师喜欢坐姿端正的同学""同学们很吵，我很生气"。

惩劝与寻责语言，指教师表达出对学生的惩罚和责怪，以纠正学生的不良学习行为。惩劝语言会提出相应的惩罚，如"做得不好就罚劳动""请你站起来两分钟"；寻责语言虽没有提出具体惩罚但有口头上的严厉质问，如"是谁打开的多媒体""是哪些同学的耳朵没有倾听"。

（三）教学语言的访谈提纲

本研究在课堂观察后进行了访谈，由于访谈目的是进一步了解小学教师课堂教学语言存在的问题及成因，故访谈提纲设计参考了课堂观察中所发现的存在的问题，并着力于原因探究与策略追问。具体的维度包括：教学语言的概念理解、重视程度、运用现状、成因分析、提升策略等。

二、研究对象选择

（一）观察对象

为便于反复观察，本研究选取课堂教学视频作为教师教学语言的观察材料，在考虑视频画面的清晰性、视频主体场景的广角性的同时，还考虑了视频的学段、学科分布。

具体选择过程为：在各教学视频网站上搜集符合研究要求的教学视频，但是初步观察后，发现这些视频中的课程大都为经过反复打磨后所录制，不太符合真实课堂中的教学语言事实。反复研讨和寻访后，我们改变了视频选择的基本路径，决定以省会城市的2所百年名校的教学视频作为分析对象，这些教学视频都来自这两所学校的远程直播教室，这些远程直播教室全天候向高校师范生开放，具备录播功能，既符合课堂的教学语言事实又方便师范生反复观察。考虑到分析对象教学语言运用水平的层次丰富性，后又增选了来自省会城市城乡接合部的 2 所新建小学的教学视频，这些视频主要是校内展示课和校内研讨课，代表着当前小学教师课堂教学语言的中上水平，也比较贴近课堂真实。经过视频录制质量、学生所属学段、课堂所属学科的考量后，最终确定了 27 个课堂教学视频作为研究对象。下面，对相关参数作具体介绍：

来源校分布。27 个视频共来自 5 所小学，其中，26 个来自长沙市的 4 所小学，包括 2 所百年名校和 2 所现代化城乡接合部新建小学；1 个来自银川市的 1 所普通小学。具体而言，有 10 个来自 Y 校①、6 个来自 E 校、9 个来自 J 校、1 个来自 C 校、1 个来自 N 校。

学科分布。27 个视频涵盖了小学阶段的 9 个学科，其中道德与法治 3 个、语文 4 个、数学 3 个、科学 3 个、信息技术 2 个、体育 3 个、音乐 3 个、美术 3 个、综合实践活动 3 个。需要说明的有两点，第一，由于研究者本人难以把握英语发音的准确度，为了不影响数据的准确性和客观性，未选择小学英语学科的课堂教学视频。第二，《义务教育课程方案和课程标准（2022 年版）》修改"体育"学科的名称为"体育与健康"，本研究所分析视频为 2022 年"新课标"发布前所录制，因而仍然称呼该学科为"体育"。

课型分布。由于不同课型的课堂存在较大差异，为减少课型对研究结论的影响，所选取的 27 节课皆为以教师讲解为主的新授课，而因为学科特性，体育、综合实践活动、美术等学科以学生活动课为主。

学段分布。本研究按照"1～2 年级为低学段、3～4 年级为中学段、5～6 年级为高学段"的学段划分方式②，开展课堂观察、分析和报告撰写。根据低

---

① 为保护小学及老师们的隐私，本研究对各视频的来源学校及授课教师进行了编码。

② 根据 2022 年 3 月 25 日发布的《义务教育课程方案（2022 年版）》，道德与法治、语文、数学、科学、信息技术、综合实践在小学阶段都是划分为三个学段。1～2 年级为低学段、3～4 年级为中学段、5～6 年级为高学段。但是也有几个学科的划分有所不同，其中，体育是从水平一到水平四划分为四个水平，艺术（由音乐、美术等构成）是 1～2 年级为第一学段、3～5 年级为第二学段、6～7 年级为第三学段、8～9 年级为第四学段。本文为了统一标准，便于研究，统一将 1～2 年级称为低学段、3～4 年级称为中学段、5～6 年级称为高学段。

中高学段的划分，包括低学段 7 个、中学段 9 个、高学段 11 个。

教师性别分布。授课人为女教师、男教师的分别为 18 个、9 个。

表 5－4　视频课例的学科、学段与教师性别构成

学段	道德与法治		语文		数学		科学		信息技术		体育		音乐		美术		综合实践活动		小计
	女	男	女	男	女	男	女	男	女	男	女	男	女	男	女	男	女	男	
低	1	0	2	0	0	1	1	0	0	0	0	0	1	0	1	0	0	0	7
中	1	0	1	0	1	0	1	0	0	0	1	1	1	0	1	0	1	0	9
高	0	1	0	1	1	0	1	0	0	2	0	1	1	0	0	1	1	1	11
小计	2	1	3	1	2	1	3	0	0	2	1	2	3	0	2	1	2	1	27

关于教学视频质量的要求，所选取的 27 个视频都具备一定的清晰度，能够保证看清教师的板书，听清教师的教学语言，观察到师生互动。其中两个视频，一个由于没有镜头推进而未能看清黑板贴的详细内容，另一个教学视频由于最后老师说话的语速较快而未能听清老师讲的最后两个字，但这并不足以影响本文所得数据的准确性。27 个视频中的 18 个来自湖南第一师范学院内部网站，有 9 个来自长沙市 J 校，均可反复观看。

表 5－5　视频课例基本信息一览表

序号	学科	年级	课名	教师	性别	学校	网址
1	道德与法治	1	《可爱的动物》	E1	女	E	http：//172. 30. 1. 121：8089/videos. html#/video/21
2	道德与法治	4	《健康看电视》	J1	女	J	来自 J 校内部资料
3	道德与法治	5	《我们神圣的国土》	Y1	男	Y	http：//172. 30. 1. 121：8089/videos. html#/video/154
4	语文	1	《小猴子下山》	E2	女	E	http：//172. 30. 1. 121：8089/videos. html#/video/31
5	语文	2	《朱德的扁担》	Y2	女	Y	http：//172. 30. 1. 121：8089/videos. html#/video/159

（续表）

序号	学科	年级	课名	教师	性别	学校	网址
6	语文	3	《富饶的西沙群岛》	Y3	女	Y	http：//172. 30. 1. 121：8089/videos. html#/video/161
7	语文	6	《两小二辩日》	Y4	男	Y	http：//172. 30. 1. 121：8089/videos. html#/video/38
8	数学	2	《表内乘法（二）》	Y5	男	Y	http：//172. 30. 1. 121：8089/videos. html#/video/165
9	数学	3	《认识四边形》	Y6	女	Y	http：//172. 30. 1. 121：8089/videos. html#/video/164
10	数学	6	《百分数》	E3	女	E	http：//172. 30. 1. 121：8089/videos. html#/video/3
11	科学	2	《磁极间的相互作用》	N1	女	N	https：//b23. tv/FVKZhjr
12	科学	3	《植物的根》	E4	女	E	http：//172. 30. 1. 121：8089/wap/index. html #/video/14
13	科学	5	《解暗箱》	E5	女	E	http：//172. 30. 1. 121：8089/wap/index. html #/video/140
14	信息技术	5	《初识 Scratch》	J2	男	J	来自 J 校内部资料
15	信息技术	6	《给幻灯片设置背景》	J3	男	J	来自 J 校内部资料
16	体育	3	《排球正面双手垫球》	C1	女	C	http：//172. 30. 1. 121：8089/album. html#/video/137/2
17	体育	4	《足球——脚背正面运球》	J4	男	J	来自 J 校内部资料
18	体育	5	《手运球》	J5	男	J	来自 J 校内部资料
19	音乐	2	《团结灭妖》	J6	女	J	来自 J 校内部资料

（续表）

序号	学科	年级	课名	教师	性别	学校	网址
20	音乐	4	《我心爱的小马车》	Y7	女	Y	http：//172.30.1.121：8089/videos. html#/video/156
21	音乐	6	《校园夕歌》	Y8	女	Y	http：//172.30.1.121：8089/videos. html#/video/37
22	美术	1	《公交车上》	J7	女	J	来自 J 校内部资料
23	美术	3	《留住秋天》	Y9	女	Y	http：//172.30.1.121：8089/videos. html#/video/167
24	美术	5	《静物一家》	E6	男	E	http：//172.30.1.121：8089/videos. html#/video/20
25	综合实践活动	4	《探索饮料的奥秘》	Y10	女	Y	http：//172.30.1.121：8089/videos. html#/video/153
26	综合实践活动	5/6①	《游岳麓峰，立鸿鹄志》	J8	女	J	来自 J 校内部资料
27	综合实践活动	6	《堆肥箱的制作》	J9	男	J	来自 J 校内部资料

除以上 27 个课堂教学语言观察课例外，还有 2 个日常管理语言的观察案例。由于本研究将课堂的管理语言置于课堂教学语言中一并观察，故所选 2 个案例均来源于在教师办公室观察到的 2 个个别教育案例，且在征得教师允许后进行了全程录音。

（二）访谈对象

为客观而深入地从不同角度理解和分析小学教师课堂教学语言存在的问题及成因，从而更有针对性地提出相关改进策略，本研究选择了 6 位一线教师，进行问题产生原因或优秀言语策略的追问式访谈。为保证研究结果的科学性，访谈对象的选取也兼顾了不同学科、学段及教师性别。6 位教师的编号与课例观察法中所使用的编号保持一致。具体访谈对象的基本信息见表 5 - 6。

---

① 收集课例时只知道该课例属于高年级，但无法确定具体的年级。

表 5 - 6　教学语言访谈对象基本信息

序号	学科	年级	课名	教师	性别	学校
1	语文	2	《朱德的扁担》	Y2	女	Y
2	语文	6	《两小儿辩日》	Y4	男	Y
3	数学	2	《表内乘法（二）》	Y5	男	Y
4	体育	4	《足球——脚背正面运球》	J4	男	J
5	音乐	2	《团结灭妖》	J6	女	J
6	综合实践活动	4	《探索饮料的奥秘》	Y10	女	Y

三、研究具体实施

（一）观察实施

首先，对所选取的 27 个课堂教学视频进行编码后，初步熟悉教学视频中的授课内容，了解其教学目标和教学重点；然后，对照观察记录表对每个教学视频中的教师课堂教学语言的科学性、互动性、艺术性进行观察，并在表格的"频次"栏中记录教师教学语言中对应表格"观测点"所指问题的次数，同时在表格的"举例"栏中记录相应的具体语言行为。每个视频大概观察 3 遍，每一遍观察到的新事例在前一遍的基础上进行次数累加。

需要说明的是，本研究者是国家级普通话水平测试员，有近二十年普通话及省级普通话测试员培训经验，在普通话的语音、词汇、语法等方面有较好的判断力和辨别力，因此对小学教师课堂教学语言科学性的把握程度较好，为研究实施提供了一定保障。然而，由于观察的部分教学视频中教学现场环境太嘈杂（如音乐声过大掩盖了教师的声音、学生的声音过大掩盖了教师的声音等），以及受视频录制镜头的限制而无法完整观察到教师板书的笔顺等，导致本研究记录的数据也存在一定误差。

（二）访谈实施

所有的访谈均在课例观察完成之后，受不可抗力因素影响，均采用了电话访谈的形式。由于访谈前与访谈对象所在学校校长进行过沟通，访谈得到了老师们的支持，所有访谈过程都比较顺畅。

第二节　教学语言的科学性

通过对 27 个课堂教学视频中教师课堂教学语言的科学性进行观察记录，本研究收集到了 27 份课堂观察记录表的数据资料。整理统计数据后，得出各维度、各观测点错误总次数如图 5 - 1。

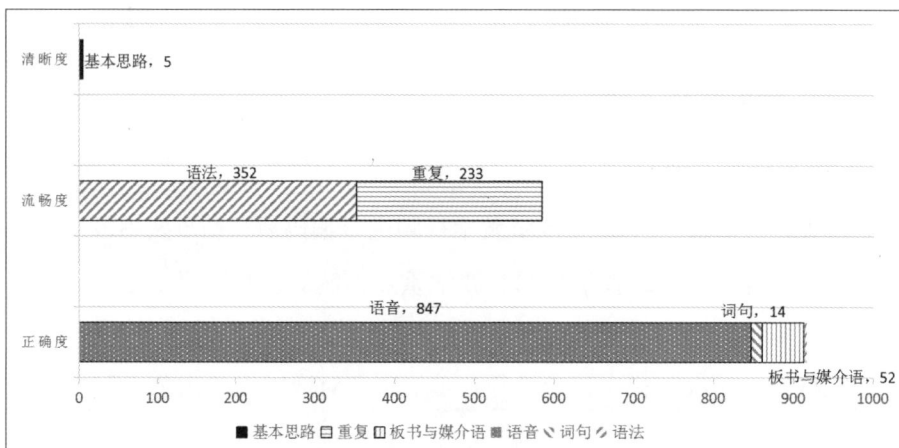

图 5 - 1　各维度、各观测点错误总次数（$N = 27$）

如图 5 - 1 所示，"正确度"错误总次数达 913 次，其中语音错误 847 次（平均每节课约 31.4 次），词句错误 14 次（平均每节课约 0.5 次），板书与媒介语错误 52 次（平均每节课约 1.93 次）；"清晰度"错误仅 5 次，均为基本思路错误①5 次，未出现教育教学重点错误②；"流畅度"错误总次数达 585 次，其中语法错误 352 次（平均每节课约 13 次），语言重复错误 233次（平均每节课约 8.6 次）。由此可知，"正确度"出现的错误次数占总错误次数的比重最大，约占 60.7%，其次为"流畅度"，"清晰度"最小，其中"正确度"方面的错误又以语音错误最突出，"流畅度"方面的错误以语

---

①　基本思路错误指出现"基本思路"要素中的"知识颗粒间逻辑关联不明显"。

②　教育教学重点错误指出现"教育教学重点"要素中的"讲授的教学时长不够"或"讲授时未抓住理解重点的关键环节"。

法错误为主。即，小学教师课堂教学语言的清晰度良好，几乎未出现问题，而科学性存在的问题主要出现在"正确度"和"流畅度"两个方面，又以语音、语法错误为主。

一、正确度尤其语音方面问题较突出

小学教师课堂教学语言在正确度中出现的错误次数达913次，占总错误次数的比重最大（60.7%），其中正确度方面的错误又以语音错误最突出（847次），其次是板书与媒介语错误（52次），偶尔也会出现词句错误（14次）。经更细致的分析可知，小学教师课堂教学语言存在方言性发音错误较突出，偶尔出现词汇误用及内容表述错误，偶尔出现字形、笔顺及标点符号错误等问题。

（一）方言性发音错误较突出

据观察，正确度中出现错误次数最多的是语音错误，且所有老师都出现了语音错误。其中，发音错误为主（726次），发音含糊次之（121次），朗读时没有出现加、减、倒字的情况。27位教师的课例，语音错误次数最少的为1次，有8位教师的错误次数为1~10次，9位的错误次数处于11~20次之间，60次以上的有5位（含1位132次的），其他5位处于31~60次之间。访谈的所有教师，也都表示"会在课堂教学时或多或少出现语音错误"。这些情况说明，含糊其词、普通话不标准、方言音重等教师教学语言问题仍然客观存在。具体如下：

第一，偶尔出现含糊不清。语音错误总次数中，发音含糊有121次，约占14.3%，发音含糊的原因，从课堂观察可知，主要是教师语速突然加快或者字与字连读，如四年级综合实践活动老师Y10将"这些""如果"等词语的字与字连在一起说，五年级道德与法治老师Y1把"接下来""其他"等词语的字与字连在一起说，导致学生听不清楚，只能自行推测或者直接跳过，这在一定程度上影响了学生思维的连贯性，降低了学生的听课效率。

第二，发音错误常见且以方言性发音错误为主。语音错误总次数中发音错误有726次，约占85.7%。发音错误包括方言性发音错误和非方言性发音错误。经观察，课例中教师们的发音错误以方言性发音错误为主，且其中方言性发音错误可归为 3 类：①前、后鼻音不分；②平舌音、翘舌音不分；③鼻、边音不分。比如把"生""等""声""正""睁""当"读成前鼻音，把"真""声""稍""逐""战""桌"读成平舌音，把"力""里""离""练""累""来"读成鼻音，把"能""哪""那""难""宁""内"读成边音等。而课堂教学语言中涉及前后鼻音、平翘舌、鼻边音的字特别多，存在上述混淆，导致课堂上不断出现读音错误的情况。研究对象中的教师大多来自长沙方言区，长沙方言语音与普通话最大区别是声母中没有翘舌音 zh、ch、sh、r，n - l 相混，f - h 不分；韵母中没有后鼻音或 in - ing 不分、en - eng 相混；声调中保留有入声而普通话的入声已消失。① 相较方言性发音错误，非方言性发音错误主要体现教师的基本文化水平。观察发现，非方言性发音错误只占发音错误次数的小部分，主要出现在一些多音字和一些国家对读音进行过统一的字音上。如有教师把"因为"的"为"读成第二声，把"符合"的"符"读成第三声，把"连接"的"接"读成第二声，把"比较"的"较"读成第三声，把"潜移默化"的"潜"读成第三声，把"露一手"的"露"读成"露水"的"露"的读音等。

从明显存在发音问题的个案来看，三年级语文老师 Y3 在一节课上出现了 53 次发音错误，主要是鼻边音混淆。根据《义务教育语文课程标准（2022 年版）》第二学段的要求："用普通话正确、流利、有感情地朗读课文"，且教师语言本身具有的示范性，该小学语文教师的语音错误亟待改正。此外，有 3 位体育老师一节课的发音错误分别达到 64 次、81 次②、92 次，还有三年级美术老师 Y9 一节课的发音错误达到了 120 次，主要是平翘舌、前后鼻音、鼻边音混淆错误。

虽然有时教师发音错误也不会对教学产生较大影响，但毕竟教师语言是一种专门性的语言，且据当前我国申请认定教师资格的要求，教师的普

---

① 冯传书. 湘方言与国家通用语言三维度比较研究 [J]. 湖南师范大学社会科学学报，2019，48（01）：110 - 116.

② 五年级体育老师 J5 和四年级体育老师 J4 的教学语言中的错误次数统计，因为环境较为嘈杂，学生练习篮球或足球时的音乐声、球撞击地板声等此起彼伏，导致 64 和 81 这两个数据存在估算成分，但两位体育教师的平翘舌、前后鼻音存在混淆是显而易见的，此外 J5 老师的鼻边音也存在混淆。

通话水平应达到国家语言文字工作委员会颁布的《普通话水平测试等级标准》二级乙等及以上标准（语文学科要达到二级甲等），教学中教师的错误读音不仅会影响学生对学习内容的理解把握，也由于教师语言的示范性，使得本来容易被混淆的读音在教师错误发音的影响下，变得更难区分，既影响了教学质量，也影响了小学生良好发音习惯的养成。

（二）偶尔出现词汇误用及内容表述错误

小学教师课堂教学语言的词句错误较少，只是偶尔出现词汇及表述的内容错误。

第一，较少出现学科术语错误。仅 1 位老师出现 1 次学科术语错误，即五年级的道德与法治老师 Y1 在课堂的结尾说："学习了这篇课文以后，你今天懂得了什么？""课文"一词一般用于语文课，道德与法治的教材内容一般不称为课文，出现该学科术语错误的原因，可能是这位老师主要担任语文科目的教学。

第二，偶尔出现一般性用词不当。一般性用词不当共出现了 6 次，其中有 1 位教师出现 2 次，另 4 位教师各出现 1 次。比如 Y1 教师误用了成语"呼之欲出"，当时他想表扬一名女生脱口而出地说出了答案，却说"这个女孩直接就呼之欲出了"。又比如 E3 老师问"饮料的含量有哪些"以及 Y1 老师评价学生"声音朗朗上口"，其中的"含量"是不能和"饮料"搭配的，正确的说法应是"饮料的成分有哪些"，而"朗朗上口"也不能用来形容"声音"。这些词汇与其他句子成分之间搭配不当，属于一般性用词不当。

第三，偶尔出现表述的内容错误。表述的内容错误出现了 8 次，分别涉及 8 位教师。比如 PPT 上的数据加起来应该等于"71%"但 J1 老师却说成"70%"，又如内容要点应该是"倒数第二个"，但 J9 老师却说成是"最后一个"，话语表述的内容明显与客观事实不符。又如应该是"水光潋滟"，但 Y3 老师却说成"水波潋滟"，属于引用的内容与原文相冲突。

尽管这种用词不当、表述内容错误的情况在 27 个课例中出现较少，但这却是教师课堂教学语言上的"硬伤"，反映了教师最基本的专业素养不过关。一位老师，若是连学术用语都用错，很难让人不去质疑他的教学专业性，若是经常出现错误表述，会让学生当时一头雾水，久之就减少对教师的信任，所以要坚决杜绝出现该类错误。

（三）偶尔出现字形、笔顺及标点符号错误

板书是教师课堂教学的有机组成部分，是整个教学思路和教学内容的浓缩，其质量的高低会直接影响课堂教学的效果。① 作为小学教师课堂教学语言的重要组成部分——板书和媒介语目前往往被一线忽视但却实在值得教师关注。所观察的 27 个视频案例，有 11 位教师出现了板书和媒介语错误，总错误次数为 52 次。其中，知识性的内容错误 2 次，字形错误或字体不规范 21 次，笔顺错误 13 次，标点符号用错 15 次，出现病句 1 次。这些偶尔出现的字形、笔顺及标点符号错误，折射出小学教师课堂教学语言的板书和媒介语还未做到严谨规范。

第一，出现知识性的内容错误。板书作为一节课中相对稳定、作为关键而呈现的教学内容，再现的知识要正确、信息要准确、资料要精确②，否则易对学生产生误导。知识性的内容错误出现了 2 次。如六年级语文老师 Y4 的 PPT 上呈现了"则其善者而从之"，而该句原文《论语十则》中出现的是"择"而非"则"。又如六年级信息技术老师 J3 板书的"不喧夺主"，应该是"不喧宾夺主"。

第二，偶尔出现字形错误或字体不规范。字形错误或字体不规范出现了 21 次，表现为教师的板书出现字体结构不稳、书写潦草、连笔书写、笔画的长短大小不符合要求等问题。如图 5-2 所示六年级信息技术老师 J3 的课堂板书，字体总体不美观、不规范，出现了字形结构错误、笔画不完整、笔画之间粘连等情况，比如"原"字内外比例失调，"则"字左高右低，"与"字笔画粘连，等等。

第三，偶尔出现笔顺错误。据观察，笔顺错误出现了 13 次。如"细"字右边的"田"先写了中间的一竖再写一横，"长"字第一笔写了竖提，"排"字右边的"非"先写左边的三横再写长竖，"海"字右边的"每"先

---

① 陈桂娟. 新教师板书基本功的现状分析与对策 [J]. 教学与管理，2006（20）：30-31.
② 彭小明. 教学板书设计论 [J]. 教育评论，2005（06）：69-72.

写中间的横再写上下的两点，等等。笔顺不对是近些年新进教师的常见问题，二年级语文老师 Y2 在访谈中也表示自己曾在课堂上犯过笔顺错误。教师的笔顺错误不仅反映了教师基本功的差距，而且因为是现身说法，易导致学生以讹传讹，进而影响他们规范的书写习惯的养成。需要说明的是，除了体育课老师没有板书之外，还有教师整堂课使用板贴。按照当前中小学教师资格证考试评分标准，教学环节必须要有板书，板书是一个单独的观测点。另外，对于不少科目而言，板书设计极能体现一位老师提纲挈领的能力，主板书也是检阅教师是否吃透当节课教材内容的核心手段之一，为此，当前小学教师教育要将板书设计作为一项重要的工作来抓细落实。

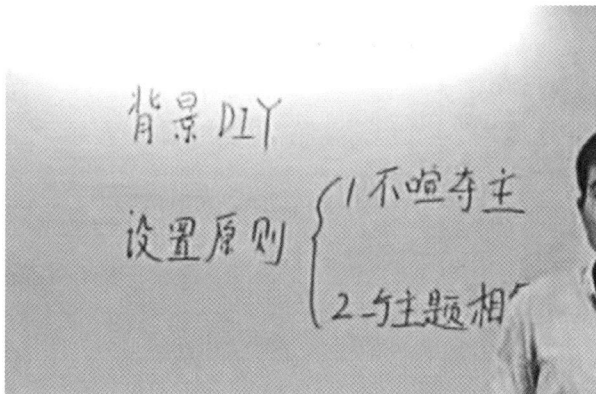

图 5 - 2　六年级信息技术老师 J3 的课堂板书

第四，偶尔出现标点符号使用错误。标点符号用错出现了 15 次，主要表现在句末未加句号，这种情况都出现在教师的 PPT 中（如图 5 - 2）。教师对于标点符号的误用，除了这次所观察到的未加句号，还有阿拉伯数字作标题用时后面紧跟的"."号被误写为"、"，引号之间无其他标号时使用了顿号，逗号和分号混用等情况，易给学生使用好标点符号带来不良影响。

第五，较少出现病句。病句仅出现 1 次，出现在二年级科学老师 N1 的 PPT 上，具体句子是"其他形状的磁铁也用同样的规律吗"（如图 5 - 4）。该老师应该是打字时不小心将"有"误打成了"用"。可见，教师对待板书和媒介语的态度还要更加严谨，应尽量避免出现这种低级错误。

初读要求：

　　读准字音，读通句子，遇到难读的字多读几遍

图 5-3　二年级语文老师 Y2 的某页 PPT

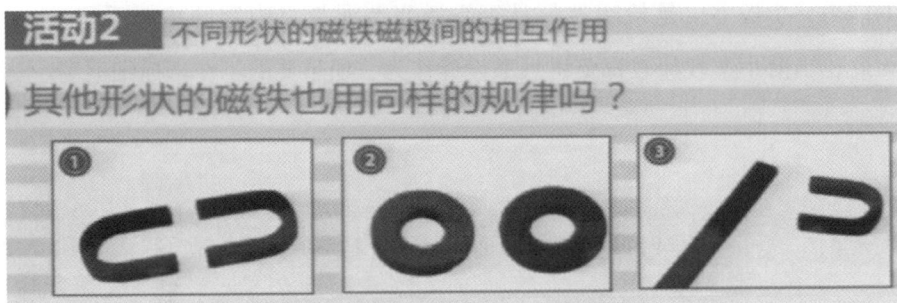

图 5-4　二年级科学老师 N1 的某页 PPT

（四）不同学科的错误差异较明显

据表 5-7 所示，9 个学科都出现了语音错误，且一节课中错误次数平均数从高到低依次是体育（82 次）、数学（52 次）、美术（51 次）、科学（28 次）、语文（23 次）、信息技术（19 次）、综合实践活动（12 次）、音乐（8 次）、道德与法治（6 次）。只有 4 个学科出现了词句错误，其中语文和综合实践活动 2 次，道德与法治、音乐各 1 次。7 个学科出现了板书与媒介语错误，从高到低依次是综合实践活动（14 次）、信息技术（7 次）、美术（5 次）、道德与法治（4 次）、语文（3 次）、音乐（3 次）、科学（3.3 次）。

从不同学科正确度错误次数平均数的总计来看，从高到低依次是体育（82.3 次）、数学（53.3 次）、美术（52.7 次）、科学（31.3 次）、语文（25.1 次）、信息技术（22 次）、综合实践活动（17.7 次）、道德与法治（10 次）、音乐（9 次）。

表 5 – 7 不同学科正确度各要素的平均错误次数（单位：次）

学科	要素			
	语音	词句	板书与媒介语	总计
道德与法治	6.3	1	2.7	10
语文	23	0.8	1.3	25.1
数学	52.3	1	0	53.3
科学	27.7	0.3	3.3	31.3
信息技术	18.5	0	3.5	22
体育	82.3	0	0	82.3
音乐	7.7	0.3	1	9
美术	51	0	1.7	52.7
综合实践活动	12	1	4.7	17.7

由此可知，小学各学科教师课堂教学语言都存在语音错误，且学科差异较为明显，以体育、数学、美术学科最为突出；部分学科出现了少量词句错误，且学科差异不明显；大部分学科都存在少量板书与媒介语错误，学科差异不明显。需要说明的是，其中一节综合实践活动课出现了 14 次板书与媒介语错误，是导致综合实践活动平均错误次数最高的重要原因，这与该堂课的授课教师个人有关，与学科关系不大。

（五）不同学段的语音、板书与媒介语错误均存在差异

根据表 5 – 8，低、中、高三个学段的老师都出现了语音、词句及板书与媒介语错误。但词句、板书与媒介语错误无明显学段差异，语音出现错误的学段之间存在差异，语音错误次数随学段的升高呈上升趋势。总体来看，中、高学段教师课堂教学语言的正确度略低于低学段。

表 5 – 8 不同学段正确度各要素的人均错误次数（单位：次）

学段	要素			
	语音	词句	板书与媒介语	总计
低	27.6	0.3	1.4	29.3
中	30.7	0.3	2.4	33.4
高	34.4	0.8	1.8	37

（六）不同性别的教师语音错误差异较明显

如表 5 - 9 所示，语音的错误次数，男教师比女教师明显要多，教师性别差异较大。访谈中，Y4 老师也表示："普遍来说，男教师的普通话可能没有女教师那么好。"在词句及板书与媒介语错误方面，男女教师错误次数相近，差异不明显。总体来看，男教师课堂教学语言的正确度较女教师略差。

表 5 - 9　不同性别正确度各要素的平均错误次数（单位：次）

性别	要素			
	语音	词句	板书与媒介语	总计
男	50.2	0.6	1.8	52.6
女	21.9	0.5	2	24.4

综上所述，各个学科、各个学段的男女教师都出现了语音错误，且学科差异、学段差异及教师性别差异较明显；词句错误只存在于部分学科，且各个学段的男女教师都偶尔出现此类错误，即基本无学科、学段、性别差异；各个学科、各个学段的男女教师都出现了板书与媒介语错误，也无学科、学段、性别差异。总之，语音错误在小学教师课堂教学语言中较为普遍，且与学科、学段及教师性别相关，词句、板书与媒介语错误与学科、学段及教师性别相关性不明显。

二、清晰度情况良好

小学教师教学语言的清晰度良好，教育教学重点要素中没有出现"讲授的教学时长不够"或"讲授时未抓住理解重点的关键环节"的问题，仅有 3 位教师出现了一两次"知识颗粒间逻辑关联不明显"的问题。

（一）教育教学重点把握较好

观察教学视频前，我们先对该节课的教学目标及重点进行了解，并查阅《小学语文教学设计》《小学语文教学》等期刊上的优秀教学设计，通过与视频中的课例进行细致对照，发现教师们对教学目标及教学重点比较熟悉，讲授时基本都抓住了理解的关键环节。

如一年级语文老师 E2 执教的《小猴子下山》第 1 课时，教师用书上的教学重点是"了解表示动作的词的不同含义，并学习运用"。E2 老师在授课时，对于"掰"字的教学，她引导学生一边做动作一边说口诀"左边一只手，右边一只手，中间一个分，用力一分就是掰"，直观而生动地让学生了解了"掰"的字形和字义。接着，E2 老师用右手握住一支笔，让学生将这支笔看成是一个玉米，模拟掰玉米的动作，并在学生用一只手的时候提醒："两只手，用两只手一起来掰下一个大玉米。"且 E2 老师也引导学生进行动作模拟来理解"扛""扔""摘"等动词的含义，并尝试组词运用。可见，该教师对本课的教育教学重点把握较好。

访谈中，体育老师 J4 表示："我会把这节课最需要传授给学生的重点，主要是教哪个地方，主要是解决哪几个问题，加以重点关注和讲解。"数学老师 Y5 表示："我认为教师们对教育教学重点把握得较好，现在教师用书对教学重点和需注意的点都说得清清楚楚。"语文老师 Y2 表示："我们现在这本语文教材好很多，每个单元都把人文要素和语文要素列得很清楚，把这两个要素突破了就解决了重点，课后题也为教学重点作了提示。"可见，在教材、教学参考书的支持指导下，授课内容的重难点得到了小学教师思想上和实践中的重视，总体上把握得较好。

（二）课堂思路较为清晰

据观察，老师们授课的基本思路较为清晰，知识颗粒间逻辑关联把握较好，授课时前一内容或环节与后一内容或环节间的内在逻辑较为明晰，前后关联度和顺畅度较高，能够让学生较好地把握住教师的授课逻辑，很少出现让学生感到突兀或奇怪的状况。

视频中大部分教师的知识颗粒间逻辑关联把握得较好，但也有 3 位教师出现了一两次知识颗粒间逻辑关联不明显的问题，如五年级科学老师 E5 引出"等效思维"概念后，没有做其他解释说明，突然转向引导学生玩一个游戏，"等效思维"与设计的游戏无关联；之后，该教师又提到一个宝箱，对学生说："想要宝箱里面的神秘大奖得先解开电路暗箱。"但是为什么想要宝箱里面的神秘大奖得先解开电路暗箱，二者之间又有什么关系，估计学生心里充满了疑问，但该教师并没有作出解释。

三、流畅度尤其语法问题较突出

小学教师课堂教学语言出现流畅度问题的次数为 585 次，占总错误次数的比重仅次于正确度，约占 39.1%。其中，语法错误最突出（352 次），其次是语言重复方面的错误（233 次）。

（一）语法错误较普遍

据观察，所有老师都出现了语法错误（如图 5-5），其中以修补意图明显为主（184 次），成分残缺次之（78 次），接下来依次是搭配不当（46次）、结构杂糅（33 次）、停顿不当（6 次）、成分赘余（5 次）。

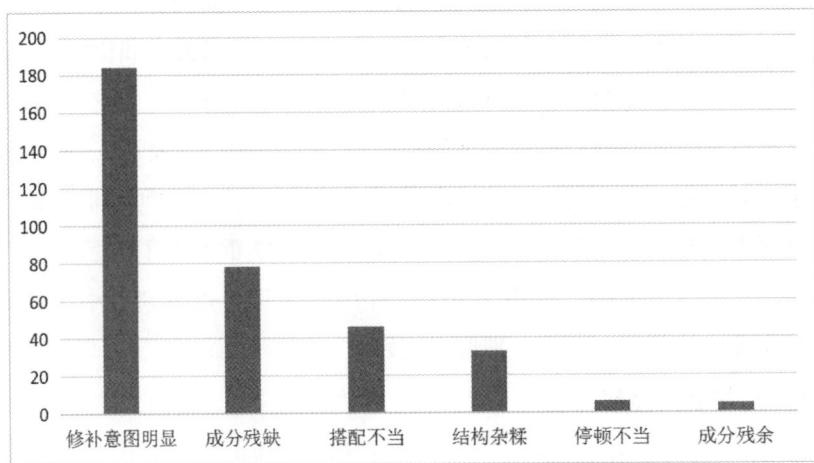

图 5-5　语法错误中各观测点错误总次数（$N=27$）

另外，如表 5-10 所示，一节课中，语法错误次数大多处于 11~15 次之间，有 3 位教师错误次数分别达到 26 次、27 次和 30 次。可见，小学教师课堂教学语言的语法错误较为普遍，小学教师课堂教学语言的语法规范性有待加强。

表 5-10　语法错误次数分布情况

错误次数区间（次）	1~5	6~10	11~15	16~20	21~25	26~30
教师人数（人）	3	6	11	4	0	3

第一，存在较多次的修补意图明显情况。修补意图明显有 184 次，在语法错误总次数中占比最大，约占 52.3%。主要表现为教师对于自己之前讲的话又进行了修改或者补充说明，但却破坏了整个句子的语法规则。据观察，教师一般是发现自己出现口误、发音错误或者思维卡顿，就会换一个词或一句话，或者用正确的读音重复之前的字词，抑或直接重复之前的字词，在较多的修补情况下，老师们很难做到一次性把意思表达完整，且语言不够简练流畅。如"就改（卡顿）更改了""能够在（卡顿）做到""也放在（卡顿）放在这里""安全小（卡顿）小常识""百分数它表（卡顿）到底表示什么意思呢"等等。这些语法错误不仅影响了教师语言表达上的流畅度，影响教学效率，而且不利于学生良好语言表达习惯的养成。

第二，存在一定的成分残缺的情况。成分残缺共出现了 78 次，在语法错误次数占比中居第二位，约占 22.2%。主要表现为教师所说的句子中因缺少成分而成为病句。这类错误又以"语句明显不完整"为主，表现为教师一句话没有说完，句子就断了，教师停顿了一会儿再讲别的，或者直接就转到讲另一句话。如 J1 老师说："客厅的电视的位置都是合适的距离。"根据前后语境可知该教师想表达的意思是：电视的位置和沙发之间的距离是合适的距离。此句句子主语不完整。又如 E3 老师说："这个软件的最多可以是 10%。"根据语境可知，"10%"这个百分数指的是软件的下载进程，也是主语的表达不够完整。E1 老师说："你心爱的（语气词'呃'）就在你的面前。"该老师也没有说清楚心爱的是什么。

第三，存在一定的搭配不当的情况。搭配不当共出现了 46 次，约占语法错误次数的 13.1%。教师们的课堂教学语言存在不同种类的搭配不当，部分老师没能准确把握句子成分之间的关系，当然这与此前语言表达存在一定的成分残缺也有关。比如动宾搭配不当，N1 老师说："我们在做实验的时候要作为严谨的态度"，"作为"不能与"严谨的态度"搭配；又如前后量词搭配不当，N1 老师说："看来我们的三位同学都是一位严谨的小科学家。""三位"不能与"一位"搭配；还如"达到"只能接确定的数量词而不能接约数，但 J1 老师却说："达到一个小时到两个小时以上。"

第四，偶尔出现结构杂糅的情况。结构杂糅共出现了33次，约占语法错误次数的9.4%。比如，观察中老师们说："我们还将进行研究我们研学路线还有我们的研学计划的制定"，"那么现在我们在小组内确定你们的，根据你们小组刚刚想要确定的这个主题来进行小组名称的确定"，等等，这些语句出现了结构混乱、结构杂糅的情况，而语言上的结构杂糅与教师思维出现混乱有关。

第五，较少出现停顿不当的情况。教学语言的停顿，是达意的需要，必要的停顿既是语言逻辑性的体现，又是听讲的学生听懂教学内容所必需的时间条件。[①] 可见，停顿在教师课堂教学语言中发挥着重要作用，既影响教师的表达，又影响学生的理解。据观察，停顿不当仅出现6次，约占语法错误次数的1.7%。老师们偶尔出现非歧义的停顿节奏失调，如"在刚才的/实验过程/中""怎么分辨/肥料""黄/颜色的小脚丫""脚背正面/运球练习""团/结/一心"等等。有的老师在没有必要停顿的地方停顿，让听者感觉有点奇怪。虽然这对教学没有产生很大影响，但这些不当停顿使得教师课堂教学语言的流畅度大打折扣。

第六，较少出现成分赘余的情况。成分赘余仅出现了5次，约占语法错误次数的1.4%。教师教学语言中出现成分赘余的现象也反映出有些教师的课堂教学语言不够精炼。它表现为教师的话语中出现了重复，如J8老师说："以及还有我们的小组名称。"其中，"以及"和"还有"不应同时使用。又如Y10老师说："我觉得对于可乐来说，好像是饮料当中，对于大家，大家对它的这个评价好像不太好的一种饮料。"该句也出现了很明显的成分赘余。

（二）常出现口头禅和磕巴

课堂教学语言不精炼是常见情况。[②] 据观察，27个课堂教学视频中，有26位教师出现了语言重复方面的问题，主要包括口头禅和磕巴，重复啰嗦、

---

① 吴国群．论教学语言的停顿和气口［J］．绍兴师专学报，1994（04）：42－47．
② 兰静．教师课堂教学语言能力的培养［J］．广西教育，2011（28）：18．

不够简练流畅等现象。其中，口头禅出现了 119 次，磕巴、无意义重复某句话出现了 114 次。一节课中，语言重复方面错误次数大多处于 1～5 次之间（据表 5－11 可知），但有 3 位教师的错误次数分别达到 26 次、28 次和 31 次。在访谈中，有三分之二的教师表示："会在课堂上出现一些口头禅、磕巴、无意义重复某句话等问题。"如 J6 老师表示："印象最深的是第一次上公开课，专家评价说我废话太多了，后面自己看了录像课，发现语言确实很不精练。"

表 5－11　语言重复方面错误次数分布情况

错误次数 区间（次）	1～5	6～10	11～15	16～20	21～25	26～30	31～35
教师人数（人）	13	8	1	0	1	2	1

第一，常出现口头禅。口头禅共出现了 119 次，在语言重复方面的错误次数中约占 51.1%。视频中有一部分教师常使用口头禅，主要是"嗯""啊""呃"等语气词，个别老师对这些语气词重复的次数较多，如四年级综合实践活动老师 Y10 在一节课上出现了 26 次口头禅，三年级数学老师 Y6 在一节课上出现了 21 次口头禅。

第二，常出现磕巴、无意义重复某句话。讲课时间有限，简洁的语言有助于教师高效发挥讲解的作用，提高讲课的效率。① 但是，据观察，磕巴、无意义重复某句话共出现了 114 次，在语言重复方面的错误次数中约占 48.9%。如有教师的课堂教学语言表达："首先，看几张图片，（磕巴）看几张图片""那么下（磕巴）下面呢""最后，那个（磕巴）那个""你你你（磕巴）"等等。另外，一些口头禅和重复的话语经常在不必要的时候出现，降低了教师课堂教学语言的流畅度，不利于学生准确理解一些内容或知识点，给学生听课带来了负面体验，同时又给学生良好语言习惯的养成带来不良影响。

---

① 张姣君. 讲究教学语言艺术，增强语文教学效果 ［J］. 小学生（教学实践），2016（04）：45

（三） 语法及重复错误的学科差异较明显①

观察到的 9 个学科课堂视频中的所有教师都出现了语法错误及重复方面的问题。语法错误次数平均数从高到低依次是数学（19 次）、综合实践活动（19 次）、科学（15 次）、体育（15 次）、道德与法治（14 次）、音乐（13 次）、语文（10 次）、美术（6 次）、信息技术（4 次）。重复的问题次数平均数从高到低依次是数学（17 次）、综合实践活动（12 次）、道德与法治（12 次）、音乐（11 次）、美术（8 次）、科学（7 次）、语文（5 次）、信息技术（5 次）、体育（4 次）。

由此可知，小学各学科教师课堂教学语言都存在语法错误，且学科差异较为明显，错误次数以数学、综合实践活动、科学、体育最为突出；小学各学科教师课堂教学语言都存在重复方面的问题，且学科差异也较为明显，错误次数以数学、综合实践活动、道德与法治最为突出。综合来看，数学和综合实践活动两个学科在小学教师课堂教学语言的流畅度方面存在的问题在所有学科中最突出。

（四） 语法及重复错误存在学段差异

据表 5 - 12 所示，低、中、高三个学段都出现了语法错误及重复方面的问题，尤其以中学段最为突出。中学段与低、高学段的差异较明显，但低、高两个学段之间的差异较小。

表 5 - 12　不同学段流畅度各要素错误次数平均数（单位：次）

学段	要素		
	语法	重复	总计
低	10	6.1	16.1
中	16.9	12.8	29.7
高	11.8	6.8	18.6

（五） 语法错误性别差异较明显

据表 5 - 13 所示，在语法错误次数上，女教师比男教师要多，教师性别

---

① 重复错误指出现口头禅或磕巴、无意义重复某句话。

差异较大，但重复方面的问题男女教师错误次数相近，教师性别差异不明显。总体来看，女教师课堂教学语言的流畅度较男教师略差。

表 5 – 13　不同性别流畅度各要素错误次数平均数（单位：次）

性别	要素		
	语法	重复	总计
男	9.9	8.4	18.3
女	14.6	8.7	23.3

综上，各个学科、各个学段的教师都出现了语法错误，且学科差异、学段差异及教师性别方面都存在较明显的差异；各个学科、各个学段的教师也都出现了重复方面的问题，学科、学段差异较明显，但基本无性别差异。总的来说，语法错误在小学教师中较普遍，且与学科、学段及教师性别有关，其中重复方面的问题在小学教师中也较为普遍，与学科、学段有关，与教师性别相关性不明显。

第三节　教学语言的交互性

一、总体情况

对所收集到的 27 份数据进行整理与分析，发现小学教师课堂教学语言的交互性问题主要体现在学情关注度中，较少出现在师生融合度中。

学情关注度的观测，主要涉及教师的课堂提问与其理答理疑情况。在所观察的 27 节课中，教师的提问语言十分丰富，大部分教师都能用提问语来主导师生间的交互活动，但其中有 26 位教师出现了或多或少的无意义提问的现象，占比 96.3%。提问对象方面，由于本研究所观察视频中的多数课堂镜头覆盖不全面，只有 9 节课能够完整地看到提问情况，但就从这 9 节课中，也能看到可能是受小学生心理发展特点的影响，小学教师们的提问语言表达较为简单；理答理疑方面，有 7 位教师的部分理答会进行拓展延伸，有 3 位教师不能捕捉和应对存疑、反对、有价值的错答等关键性的学生自发反应，有 7 位教师理答对象覆盖面窄，没有做到面向全体学生。

师生融合度的观测，本研究所观察的 27 位教师在语种语音上都没有太大问题，不会造成师生间信息传递障碍。板书方面，所有老师均书写楷书字体，其中有 6 位老师运用贴纸代替全部板书，3 位老师运用贴纸代替部分板书，2 位体育老师无板书。在身体语言方面，基本上所有老师的眼神都能与学生保持基本接触，身体姿势都能随教育教学需要变动，但也有 2 位老师不适当运用手势，1 位老师出现不适合的伴语言声音。在身份方面，没有老师使用詈语或讽刺挖苦，体现了教师对学生的尊重。但在 27 节课中，有 7 节课未体现有效表扬，11 节课未体现有效批评。

综上所述，小学教师课堂教学语言的师生融合度较高，交互性问题多产生于教师主观方面，即教师课堂教学语言的学情关注度还需提升，优化提问语、理答理疑、评价语可以有效提升学情关注度。

二、学情关注度存在一定问题

（一）教师提问碎片化、无意义

苏格拉底曾说："最有效的教育方法不是告诉人们答案，而是向他们提问。"提问是组织课堂教学中的重要环节，课堂提问提得好，能够激发学生学习兴趣，促进学生主体性发展；提问不好，浪费学生时间，不利于学生主体性发展。[①] 2001 年以来的课程改革均倡导教学对话，但许多研究表明，教师提出的问题非常多，但提问的质量相对较低，提问多以记忆型、事实型这类"低水平"问题为主。[②] 本研究在观察课堂教学实践中也发现，有些教师以一问一答的形式贯穿课堂，有时教师预先设定了师生问答内容，使教学对话流于形式，而非师生间真正自由、平等和坦诚的交流；有的老师提问频次高且节奏快，未留给学生充分思考时间，前一个问题还未得到学

---

① 曾春妹. 透视课堂教学中的"无效"现象 [J]. 教学与管理，2012（27）：18–19.
② 张晓荣. 语文课堂教学中的"高层次"提问 [J]. 现代教育科学，2010（04）：70–72.

生的准确回应，教师也未给出适当反馈，后一个问题又紧跟着被提出来。

此次观察的 27 个视频，不同学科的平均每课提问情况如图 5 – 6：

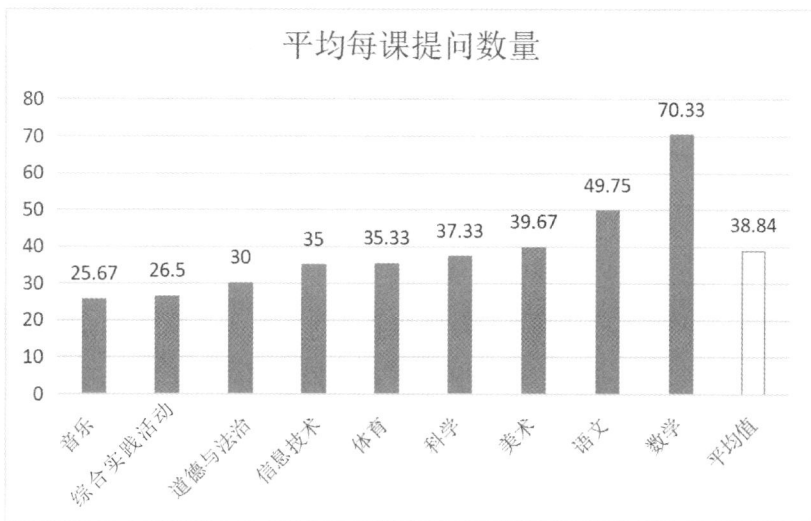

图 5 – 6　平均每课提问数量（单位：次）

如图 5 – 6 所示，各学科课堂中，音乐课的平均提问数量最少，为 25. 67 个。曾经有项针对 2015—2019 年课堂"满堂问"而开展的教学行为改进研究，发现每节课教师平均提问数为 25. 1 个①，这一结论虽然有点吓人，但该音乐课数据却仍高于这一改进教学行为后的提问数平均数 25. 1 个。由图 5 – 6 可知，数学课平均提问数量最多，高达 70. 33 个。还有一节 38 分钟的数学课，教师共提了 85 个问题，平均一分钟 2 个，课堂提问十分密集，且提出的多为"现在总共有多少块积木？""大家对一到六的乘法口诀还熟不熟悉？"等碎片化问题，表面上看课堂师生之间交流丰富、气氛活跃，但实际上的教学内容价值不高。有学者表示，"如果提问过多、过细、过浅、过滥，随意性大，针对性不强，这些碎片化的问题就会导致学生思考单向、

---

① 王陆，彭玏. 2015—2019 年中小学课堂高阶问题特征图谱［J］. 电化教育研究，2020，41 （10）：65 – 72，113.

回答单一、反馈单薄。"① 所观察的课堂中就有这样的问题，课堂上的提问频次虽然高，但许多都是学生回答起来意义不大的提问，本文称之为"无意义提问"。有学者解释过何为低效、无效甚至负效的提问，他将这些提问归为大一统式、连珠炮式、有头无尾式、蜻蜓点水式、自问自答式五类。② 借助他的观点，本文将 27 节课堂中观察到的所有"无意义提问"划分为以下三种形式：

第一，大一统式。老师通常以"是不是？""对不对？""可以吗？"来问学生，提问并无具体内容，有时只是老师的习惯性口头禅。如在三年级的美术课《留住秋天》课堂上，教师在导入环节给学生们欣赏了春夏秋冬的美景图片，然后提问"一年四季的景色都很漂亮，对不对？"毋庸置疑，答案一定是"对"。

第二，引出下文式。老师提问只是为了引出接下来的学习内容，而不会根据学生回答改变课堂环节。如在六年级语文课《两小儿辩日》课堂上，学生们挑战了去标点符号读文言文，教师接下来要从右到左出示古文，便问："还想挑战吗？"再如五年级的信息技术课《初识 Scratch》，教师展示用 Scratch 制作的游戏激发学生兴趣，接着便问"大家想不想学？"以此来进入软件的学习。

第三，自问自答式。教师提问后，并未等学生对此作出回应，就随机自己说出心中答案。如《富饶的西沙群岛》一课，老师提问："其中美就美在它的什么？"紧接着，老师就自问自答"海水"；《探索饮料的奥秘》一课，老师提问："实际上这个酒精饮料是什么呢？"课件上马上出示酒精饮料的相关知识。

各学段的无意义提问情况如表 5 – 14，中学段的"无意义提问"占总提问的百分比最高，在一节三年级的美术课上，老师的 40 次提问中，超过一半是"无意义提问"，其中大部分问题是"对不对"。"无意义提问"的盛

---

① 何必钻．"双减"语境中课堂提问设计的"减""补""增"［J］．语文建设，2022（02）：21 – 25．

② 徐卫国．优化课堂提问，实现教学高效［J］．上海教育科研，2011（10）：73 – 74．

行，使课堂教学中充斥着废话，缺少教师与学生间真正的思想互动，也体现了教师在课堂活动中的话语霸权地位。

表 5 – 14　平均每节课无意义提问占总提问的百分比

学段	总提问数量（次）	无意义提问（次）	无意义提问占总提问的百分比（%）
低学段	366	62	16.94
中学段	336	91	27.08
高学段	373	72	19.30
总计	1075	225	20.93

（二）提问对象覆盖面随着年级增高而递减

观察的视频课堂中，大多数课堂的镜头覆盖不全面，只有 9 节课能够完整看到提问情况，其中两节体育课的课堂环节以学生活动为主，提问现象少。因此，对剩下的 7 节课作"提问对象覆盖面"方面的观察，且这 7 节课在一、二、三、五年级各 1 节，六年级 3 节，所得数据能大致了解到各年级提问对象覆盖面的情况。

表 5 – 15　参与发言人数占总人数百分比

年级	参与发言人数（人）	总人数（人）	参与发言人数占总人数百分比（%）
一年级	30	50	60.00
二年级	19	30	63.33
三年级	22	40	55.00
五年级	9	24	37.50
六年级	8	45	18.52
	9	54	
	8	36	

如表 5 – 15 所示，年级越高参与发言的人数占总人数百分比越低，即年级越高，参与发言的人数越少。参与发言的人数与课堂上举手主动想要回答问题的人数有关，因为老师通常倾向于叫举手的学生回答问题。袁振国在《教育新理念》中提出："在学校里看到的情形是，小学低年级小手如

林，小学高年级逐渐稀疏，到了初中举手的更是寥若晨星了。"① 本研究观察同样发现了年级越高举手人数越少的情况。学生不主动举手，并不是因为他们不知道教师所提问题的答案，有时是因为他们不"敢"回答、不"愿"回答。且在课堂上，举手的学生回答问题，不举手的学生不回答问题，这种教学样态会在教师的不经意下，在学生心中生成一种默认的观点：教师提出的问题与我没关系，反正我不举手教师就不叫我回答。久而久之，高年级的部分学生就变得越来越不愿意参与课堂发言了。

（三）教师理答理疑不恰当

教师的理答理疑情况对课堂教学的深度有一定的影响，善于发挥教育机智的老师能够恰当地对待理答理疑，从而提高课堂教学质量，而不恰当的理答理疑会让教师错失不少教育良机。所观察课例中，大部分教师的理答都缺乏延展性，也有部分教师在教学中不能捕捉和应对存疑、反对、有价值的错答等关键性的学生自发反应，且理答理疑的对象覆盖面窄，具体如表 5 – 16。

表 5 – 16　理答理疑情况

观察要素	是	否
理答缺乏延展性	20	7
不能捕捉和应对存疑、反对、有价值的错答等关键性的学生自发反应	4	23
对象覆盖面窄	6	21

研究发现，27 节课都以鼓励型理答为主，延展型理答屈指可数。延展型理答是指教师充分挖掘学生的意见和想法，肯定正确的地方，详述错误之处，并对学生的意见和看法进行延伸与拓展。② 比如低年级的道德与法治课，学生提到放生乌龟，老师说："那待会儿我们就来看看放生乌龟，你有没有根据它的特点这样做。"低年级的语文课，学生给"块"换偏旁，老师延伸到"块"的甲骨文。高年级的道德与法治课，学生回答"台湾经常被

---

① 李守峰. 非权力性影响力与班级管理 ［M］. 济南：山东大学出版社，2013：104.
② 刘斌. 重视课堂理答方式，提高课堂教学质量 ［J］. 考试周刊，2014 （22）：86 – 87.

别人侵占"，老师延伸："可见它的战略重要性非常高，如果把它形容成一个人，那它真是命途多舛，无数次地被人抢掠，无数次地又回到祖国母亲的怀抱。"高年级的语文课，学生说到"一儿（一个小孩）有一定错误，因为光亮不同，我们所看到的大小不同。"老师延伸："视觉误差，选择的参照物不同且太阳到地球高度都一样。"如案例所示，延展性回答对于开阔学生视野及提升认知水平，都有意想不到的效果，也体现了课堂的生成性。另外，从两组低年级与高年级的案例比较来看，高年级的理答延展质量更高，这符合学生更能接受丰富、复杂的课外知识这一特点，也对高年级教师的综合素质提出了更高要求。

　　学生答错后常会出现羞愧、自责、沮丧、排斥、坐享、麻木等不良心理①，教师在课堂上如何正确面对存疑、反对、有价值的错答等关键性的学生自发反应便变得十分关键。所观察的 27 位教师大多能灵敏地捕捉和应对这些自发反应。例如在二年级《朱德的扁担》一课中，学生提出书上的"伍"字音标消失了，老师便强调和练习轻读；学生读长句子掉了两个字，老师当即提醒："读书的时候，不多字、不漏字"；学生说"敌"是"舌"加"文"，老师纠正是反文旁；学生把"巩"读成了第四声，老师立马纠正；学生问"茅坪"是什么，老师便答"茅坪"是一个地名。也有教师没有做到捕捉和应对的情况，有时是因为老师没有注意到，如三年级《富饶的西沙群岛》中学生有问题举手"老师我有问题"，而老师忙于布置任务，忽视了这个提问；也有时是因为老师本身意识松懈，如在一年级《小猴子下山》一课中，学生回答"桃子树"，但课件展示的是"桃树下"，老师未纠正，四年级的《健康看电视》学生将"作为"写成"做为"，老师也没有指出。

　　所观测的课堂中，也普遍存在教师理答理疑对象覆盖面窄的情况，即老师不能关注到全体学生，有意识地忽略了部分学生的非学习行为。如二年级《表内乘法（二）》一课中，在学生记忆乘法口诀时，3 组 2 号站起来

---

　　① 刁霞雯. 学生课堂回答中不良心理及疏导策略［J］. 河北师范大学学报（教育科学版），2008（02）：88 – 89.

转圈，老师没有管；三年级《认识四边形》一课中，第一排中间的两个学生在玩耍，老师没理；三年级的体育课《排球正面双手垫球》有学生打球打到同伴的鼻子，老师没有做出反应；一年级的美术课《公交车上》学生画画的时候，有人说"太模糊了"老师没有反应。值得关注的是，这些情况都出现在了中低学段。心理学研究者认为儿童"最初的自制力是由于成人的要求而产生的。以后，约在三年级之末，才逐渐养成在学习时的自我控制的习惯，同时，在学习过程中，儿童的自制力的范围不断扩大，自制力的质量也日益改善，这表现在儿童不仅能发现自己学习的缺点，而且能利用自己的力量去改正这些缺点"①。所以，造成此情况的客观原因是低学段学生自制力不强，这就表明低学段老师更加应该对学生提出要求并严格执行，以培育学生的自我控制意识和自我控制力。

三、师生融合度整体较好

（一）教师善用身体语言

身体语言也称态势语，是用人的眼神、动作或体态等来交流思想、表达情感的一种语言。很多时候，师生之间的情感性交流回路，主要是通过非言语行为或者身体语言交流的方式实现的。心理学家艾帕尔·梅拉比指出：交流的总效果 = 7% 文字 + 38% 的语调语速 + 55% 的表情动作。② 身体语言在课堂交互中的作用不可忽视，本研究所观察的老师们大都能善用身体语言促进课堂交互。

首先，教师与学生的眼神交流。具体表现为学生发言时，老师会一直以信任的目光看着发言学生；老师巡视课堂小组讨论情况、讲授知识点时，眼神会自然地投向学生；学生阅读课件上的信息时，老师眼神在课件与学生之间切换；提问时，老师会环顾全班学生。

其次，教师身体姿势随教育教学需要变动。戴维·波普诺在《社会学》一书中提到"符号互动论"，并表明布鲁默所总结的互动论的三大基本原

---

① 刘应芬. 小学低年级课堂纪律意识的培养研究 ［J］. 教学与管理，2007（32）：7 - 8.
② 陈国荣. 重视身体语言在课堂教学中的作用 ［J］. 甘肃科技纵横，2006（03）：204，146.

理：第一，我们依据我们对事物所赋予的意义而对其采取行动；第二，我们所赋予的事物的意义源于社会互动；第三，在任何情况下，为了赋予某种情境以意义，并决定怎样采取行动，我们都要经历一个内在的阐释过程——我们"与我们自己交流"。① 本研究的课堂观察中，教师的某些身体姿势正与"符号互动论"原理相符：

例如，老师们都很喜欢做出举手的姿势，示意学生们举手答问，对举手赋予的意义是师生所共享的（互动论的第一原理）。他们之所以知道举手的意义，是由于老师在以前的课堂教学中做过规定，又在一次又一次的课堂互动中不断强化（互动论的第二原理）。在《表内乘法（二）》一课中，老师右手比"三"，左手比"六"，学生对这种行动情境进行阐释和赋予它新的意义，并且决定立马回答"三，六，十八"（互动论的第三原理）。此外，教师也会利用身体姿势来辅助教学。例如，在低年级的语文课上，讲到"玉米结得又大又多"时，老师张开双臂，表现玉米的大和多；学习"掰"字的时候，老师分开两手动作演示；学习"追"字时，老师模仿跑的姿势以助学生理解。

在 27 节课中，不适当运用手势的情况只有两例。其一，六年级的数学课堂上，老师讲到百分数，讲分母的时候指到分子，讲分子的时候指到分母；其二，六年级综合实践课上，老师讲道"好，同学们，看完视频，你们又想到哪些与肥料有关的问题呢？"右手不停地挥舞转动，属于没有教学作用的多余的手部动作。

综上所述，教师的眼神、身体姿势、手势等身体语言都运用得比较好，甚至还有经验较丰富的老师十分善用身体语言来引导学生回答问题，推动教学进程，帮助学生理解知识，提高学生的专注度。

（二）教师有效评价不多

评价在现代课堂中扮演着非常重要的角色，教师的评价只是对学生当下行为的评判，而不是对一个学生终极性的判断，因此评价应该注重其发

---

① ［美］戴维·波普诺. 社会学（第十一版）［M］. 李强，译. 北京：中国人民大学出版社，2007：131.

展性，以引领学生向更高层次努力。老师评价学生的回答有很多方式，如笔者曾将教师课堂回应按内容分为 10 种类型，分别为肯定重述、简单肯定、肯定并解释、简单否定、否定并解释、直接纠正、直接告知、陈述引导、追问引导、转邀学生评价。①

课堂观察中，没有出现"使用詈语或讽刺挖苦"的现象，说明大家都肯定了正面积极的评价，也意识到了激励教学的重要性。然而，肯定重述与简单肯定占领了课堂评价的半壁江山，有的老师将"很好，非常棒！""你回答得真好！""不错！"以及重复学生的回答贯穿了整节课。这样的评价是否真的有效？关于这个问题，有学者指出：过多的肯定会减弱鼓励的效用，让有的孩子体会不到被鼓励的喜悦，反而觉得教师的鼓励没什么，从而会失去积极参与主动性。② 而如果学生从评价中得到的不是自信、引领，这种评价的激励作用也就消失殆尽③。

合理、有效运用课堂评价语言，至少应做到：描述学生表现、适应学习目标、易于学生理解。④ 在实际的教学过程中，很少听到教师针对学生的回答作出独特的、非通用的评价。如《堆肥箱的制作》的课例中，学习观看肥料的相关视频之后，教师引导学生回忆自己查找的资料，问："你现在又想到了哪些与肥料有关的知识呢？"有的说出了肥料的种类，有的回答了肥料的作用……教师的评价是："好的，不错！""说得非常好，给他掌声！"这样的评价是肯定的评价，能起激励的作用。但对于小学生来说，越详细的评价越能引发思考，如改成"你能仔细地观察视频，并且有所记录。你真棒！""你能利用多媒体资源丰富自己的头脑，太了不起了！"等，学生能清晰地了解到自己是因何被表扬，从而使正确行为得到强化。

---

① 曾晓洁，王秀秀. 小学教师课堂回应的类型、特征与优化——基于一项量化观察 [J]. 中小学教师培训，2017 (02)：45 – 48.

② 廖晓萍. 让课堂"动"起来——集体教学中教师回应艺术的探讨 [J]. 上海教育科研，2007 (11)：73 – 74.

③ 陈琼. 新课程背景下语文教师课堂评价语言有效性探究 [J]. 语文建设，2013 (35)：19 – 20.

④ 高超. 试论教师运用课堂评价语言的问题及其影响——以小学语文为例 [J]. 当代教育科学，2014 (02)：58 – 61.

观察也发现，课堂上缺乏批评语，特别是有效的批评语言。27 个课例中，有 11 节课没有用到有效批评，占 40.74%，大部分教师使用的批评语言是为了管理纪律而非针对课堂内容，且多出现于中低学段，观察结果如图 5 - 7。

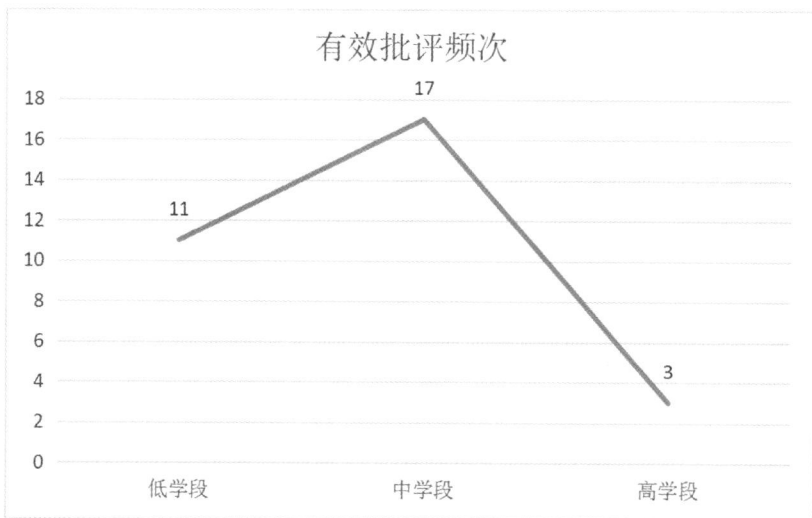

图 5 - 7　有效批评频次的学段差异

在一节二年级的数学课《表内乘法（二）》中，老师讲授时有学生在下面写字，老师提醒"还有两个同学在动笔，请把笔停下来"后更多学生坐得更端正了；老师提问时，学生们想抢着回答，老师通过语言"不喊有声音的"使学生安静不少；课末，学生的精力不足时，老师提醒"有两个同学现在眼睛没看前面""大家集中注意力"等等。可见老师的批评语都是用来维持课堂纪律，而对学生回答失误的有效批评少之又少。

作为引导者，教师要敢于合理批评，面对学生错误的回答时要或委婉或直截了当地指出。在一年级的语文课《小猴子下山》中，学生将"摘"误认为是提手旁加"商"，老师讲解"摘"的正确写法并表示："虽然'摘'字大家还没学，但老师可以告诉大家。"这样的评价，既维护了学生的自尊心，又传授了知识。在二年级的科学课《磁极间的相互作用》上，学生实验记录表没有填写完整，老师提醒："有一个小缺点，老师看到你们的实验记录表上面没有写日期。"其他小组听言后也纷纷补上日期——只是指出了一个小错误，却让全班同学都受益。

由此可见，要想通过评价激发学生的情感，就不能进行泛泛表扬，更不能抛弃批评语言，而要针对具体情况，给出能够推动思考、明确优劣的评价。

第四节　教学语言的艺术性

一、韵律把握度较高

语音的物理基础主要有音高、音强、音长、音色四要素，这四要素单独或共同作用，形成了有声语言的语气、语调、重音、语速、停顿等韵律特征。恰如古人所云："唱曲之妙全在顿挫，顿挫得款则其中神理自出。如喜悦之处，一顿挫而和乐出；伤感之处，一顿挫而悲恨出。"教师把握好这些韵律特征并将之合理呈现，就能使教学语言展现出韵律之美，既有美育价值，更具吸引作用。

（一）语气语调整体丰富灵活

所观察的 27 位教师的课堂教学语言的韵律把握度都比较高，均未出现"句尾过多降调，令人压抑""语调与语境明显不匹配""陈述、感叹、疑问、祈使句的句调运用错误"等问题。其中，E2 老师和 Y4 老师在课堂教学中教学语言抑扬顿挫，让处于注意力容易分散阶段的小学生都神情专注，很显然，他们都被自己老师的语言魅力所吸引了，他们专注的眼神表明本节课的教学质量已然得到保障。

当然，我们也发现有少数老师的语气语调存在一定问题，主要表现为"一直使用同一种句调"。其中一位是教学《留住秋天》的 Y9 老师，她整节课的语调都比较高亢；另一位是教学《磁极间的相互作用》的 N1 老师，整堂课中的声音都比较轻，语气也很平淡。

（二）重音、语速、停顿存在瑕疵

重音方面，一般来说，课堂上但凡要做出特别提示时，老师的语音就会出现一些重音。语调平淡的老师，通常不会关注重音，比如前面提到的N1老师。但有时，个别老师又会出现"强调性重音过多"的情况，课例中的Y10老师就属于这种情况，她在向学生提问"有哪些收集信息的渠道"时，边问边重复学生的回答，在这个过程中，他的语言出现了很多强调性重音，例如"小组讨论一下""非常普遍的""向有经验的人问""实地的考察""去观察学习""非常非常多""假如没有出现"（划线字为Y10老师的重音字）等。

语速方面，前面已两次提到的N1老师，她的课堂教学语言不仅声音轻、语调平，还几乎无快慢变化，整个授课过程中的声音十分平缓，难以保持良好的课堂氛围，学生注意力很难集中。

停顿方面，E1老师的课堂教学语言"强调性停顿过多"，频次远超于其他老师，其中涉及许多非必要的停顿，如"小动物也—是一样的""小金鱼呀，它也是一条贪吃的—动物""还会伤害它的—健康""所以—我们不能随意地给—小动物—丢东西""要学会怎样—去—照顾它""自由—自在""饮食—习惯"（短横线表示E1老师语句的停顿处）。

二、遣词造句丰富度较低

（一）典雅词句频率低

本文所指的典雅词句包括成语、诗句或古文、排比、对偶、押韵五种。所观察的27位老师中，仅10位老师使用了典雅词句，占比37%，而这10位老师中还有两位老师的典雅词句使用不当，出现了学生不能理解老师使用的典雅词句或老师误用了典雅词句的情况。从所使用的典雅词句内部构成来看，有7位老师使用了成语，共13个成语；有1位老师使用了古文，前后共7句；有1位老师使用了对偶；有1位老师使用了排比和押韵各1次。

成语使用起来难度较低，在所观察课堂教学语言中的使用率最高，且未出现使用错误的情况。然而，有两位老师使用成语时没有考虑到学生的实际情况，因而未达到应有教学效果。如E1老师给一年级学生讲授新闻"陆龟无一生还"时，由于年龄小、知识水平有限，大部分孩子都没明白"无一生还"的意思，从而未能作出相应的回应；还有一位老师教学"幻灯片背景的设置原则"时说："因为背景杂乱导致我们应该要写的文字和主要内容看不清了，那个成语叫——喧（停顿，等待学生回答）宾（发现无人应答后，老师继续说了成语的第二个字，并停顿等待学生说）还记得吗？（无人应答）叫喧宾夺主。"这个教学环节中，老师课前预设学生能主动说出这个成语，成语也表达出课堂教学内容的"这种幻灯片设置要避免的错误情况"，但实际上学生没有说出来，师生互动没有达到预期。

也有成语使用得当从而为课堂增彩的案例。Y3 老师在课堂上使用了 4 个成语，是 7 位老师中使用成语频率最高的，她在描述西沙群岛的"海水美"时说："海水五光十色。""海水真是五颜六色。""我们还学过《饮湖上初晴后雨》，那真是水波潋滟、波光粼粼。"成语的使用增强了教学内容的画面感，学生仿佛身临其境，真的走进了富饶的西沙群岛，感受到了西沙群岛"海水美"带来的视觉震撼。

Y4 老师的教学语言中包含了古文，共 7 处，且每一处都恰到好处。Y4 老师在教授《两小儿辩日》的课堂上，首先结合课文情境，选择与班上一名同学模拟课文中的两小儿进行"辩斗"，依据课文"辩斗"一轮后，在大家都以为此环节已经结束时，Y4 老师说了一句"非也非也"，然后再次复述一小儿的话，瞬间把同学们又带回了两千多年前的辩斗现场，开启了继续"辩斗"。接下来，Y4 老师继续说："汝何以如此之固"，然后又加快语气再说了一句一小儿的话，使这场模拟辩斗更生动了。当 Y4 老师问学生"为什么孔子不骗这两个小儿，而是说自己也不知道呢？"后，他巧妙地运用了孔子的四句话来解释孔子这样做的原因，增强了表达的说服力。课堂接近尾声时，Y4 老师说："与先贤对话，与智者（对弈）。"并以希望学生们也要发展思辨精神来结束课堂。Y4 老师在教学语言中运用古文，把学生很好地带进了课文，带进了与课文中一个个鲜活人物的对话之中，课堂氛围热烈。

关于修辞的运用。一位体育老师在教授学生足球运球要领时运用了排比，他说："脚背触球，轻轻推；人随球行，紧紧贴；小小眼睛，看前方。"其语言结构对称，读起来朗朗上口，这样口诀化地呈现教学要点，帮助学生强化了记忆，口诵心惟之下，学生们的动作要领学习也推进得比较快。另外，J8 老师将其综合实践课主题确定为"游岳麓峰，立鸿鹄志"，该主题高度概括了整堂课的教学内容，语言凝练，对偶有力，增强了节奏感，学生很轻松就理解了这次综合实践的主题。此外，J4 老师在游戏中设置了红绿灯模式，在讲解游戏规则时，他提到"红灯停，绿灯行"这句常用的带有押韵的交通用语，简单易记。

（二）长句使用恰当

长句使用过多会让教师的表达变得复杂，尤其对于低年级的小学生来说，老师的一句话太长或太复杂，都会影响他们对这节课内容的理解吸收。经课堂观察可知，实际的教学情况中，这种"长句使用过多"的现象比较少，老师们在长句使用方面比较恰当。但也有老师出现了长句使用过多的现象。比如，J8 老师组织学生进行小组讨论来确定研究主题时说："那么现在我们在小组内确定，你们根据你们小组刚刚想要确定的这个主题来进行我们小组名称的一个确定。"句子很长，而且叙述结构杂糅。

观察课例中还出现了虽然看起来都是短句，但却把简单内容表述得极为繁杂的情况，比如，J3 老师在讲授幻灯片如何设置相符的背景时，听完学生回答后总结道："颜色不搭配，谁与谁颜色不搭配？你是说图片对吧？和什么颜色不搭配？（听学生说）与这个颜色特别深是吧？所以啊，大家听见没有？这位同学提出了我们背景和要参与的内容，要怎么样？要比较搭吧，就和我们穿衣服一样是吧，哎，相应的衣服要搭上合适的裤子、鞋子。""背景与内容的颜色要搭配"本来不是特别难讲清的一个点，但 J3 老师通过零碎化的一堆短句，把简单的事理讲得格外冗长。

（三）修辞运用较少

如前所述，本研究将排比和对偶归入典雅词语，为不重复计算，不再计入此处修辞手法的运用。这样，所观察的 27 位老师中只有 14 位老师的教学语言中运用了修辞，且种类较少，只涉及比喻、拟人、设问、夸张、类比、排比 6 种。

这 6 种修辞的使用频率各不相同，共有 9 位老师运用了比喻的修辞，总次数是 12 次，使用频率最高，其中 J5 老师在《手运球》这一课中运用了 3 次比喻修辞，在组织学生活动时，J5 老师为了让学生灵活熟练地掌握运球技巧而设置了小游戏，并把游戏中系在学生背后的"丝巾"比喻成学生们的"小尾巴"；又把"运球时要手不离球、球不离手"规则中的"球"比喻成了"跟屁虫"；J5 老师发出"两腿稍稍弯曲，身子要稍微俯下去"的指令时，将此时的"学生"比喻成了"小矮人"。此外，有 6 位老师运用拟人修辞，运用次数为 9 次，其中三位老师各自使用了 1 次拟人手法，另外三位老师各使用了 2 次拟人手法；有 5 位老师使用了设问修辞，每位各使用了 1 次。夸张、类比、排比等手法，各有 1 位老师使用了 1 次。

教师在同一堂课中运用的修辞种类也不同，最高运用了 3 种修辞。其中，Y1 老师在《我们神圣的国土》这一节课中运用了比喻、拟人、设问这三种修辞各 1 次；J2 老师在《初识 Scratch》一课中运用比喻、设问各 1 次，拟人 2 次；C1 老师在《排球正面双手垫球》中运用了比喻、类比各 1 次，拟人 2 次。有三位老师在同一节课中运用了 2 种修辞手法，分别运用了比喻和设问、比喻和排比、夸张和拟人。其余 8 位老师都是只使用了 1 种修辞。

从课堂实况来看，教师在常态化的教学语言中，插入运用典雅词句或修辞，或者灵动变化的句式，会让学生精神一振，增加语言审美的愉悦感，对于他们自然地习得新的语言形式很有帮助。

三、语言机智度低

（一）幽默水平有待提高

本研究的幽默要素有"不能领会学生的幽默""使用幽默的语言或副语言"和"表达幽默时基本没人笑"这三个反向观测点，所观察的 27 节课没有学生使用幽默的情况出现，但有老师使用幽默的情况。

根据统计，共有 10 位老师使用了幽默，有 8 位老师表达幽默时同学们都笑了，达到了活跃气氛等积极的效果。其中 Y4 老师是使用幽默频率最高的一位老师，他在一节课中使用了 4 次幽默，其效果相较于其他课来说也是最好的，整堂课的课堂氛围轻松活跃，师生情感融洽，学生们都被带入课文情境之中：

第一处，Y4 老师叫一位学生站起来读课文时，这位学生因为紧张读错了一个字，觉得很不好意思，Y4 老师马上领会到这位学生的窘况，便用轻松搞笑的语气说道："紧张了吧？不要紧张，再来一遍。"Y4 老师轻松搞笑的语气不仅鼓励了这位学生，也让课堂氛围变得轻松。

第二处，Y4 老师在学生们的模拟辩斗接近尾声时说："我被他们俩吸引了，他们俩辩斗把我也带动起来了，不行，现在我也要和你辩！"随即叫起一位学生准备与她辩斗，这位学生接受了来自老师的辩斗邀请，拿起书就要开始，这时 Y4 老师说："拿书叫朗读，把书放下那才叫辩斗啊。"话音刚落，学生们都笑了起来，聚精会神地观看这场不一样的辩斗。Y4 老师用幽默的话语和举动巧妙地进行了教学环节的过渡，又吸引了学生们的注意力，一举多得。

第三处，在师生模拟辩斗的内容即将完结，大家都以为即将结束时，Y4 老师突然用较快的语速、着急无奈的语气说道："汝何以如此之固（这一句是课文中没有，Y4 老师自己加上的话），初出大如车盖，及日中则如盘盂，此不为远者小而近者大乎？"学生们又开始满心期待着这场师生辩斗，并立马反应过来回复："日初出沧沧凉凉，及其日中如探汤，此不为近者热而远者凉乎？"Y4 老师又继续用着急的语气加快语速说："远者小，近者大。"学生答："近者热，远者凉。"两人继续用着急的语气和渐进的语速把这两句话重复了三遍，逗得学生们捧腹大笑，看得津津有味。这次，老师在潜移默化中让学生理解了知识，也让学生感受到了两千多年前两小儿辩斗时的氛围。

第四处，Y4 老师让学生们看着课件读课文，先出示课文问学生："你们会读吗？"然后把课文隐藏掉，用"挑衅"的语气说道："你们会读吗？你敢吗？"学生们的斗志迅速被激发，跃跃欲试。

Y4 老师用幽默点燃的课堂精彩纷呈，教者愉快，学者也很愉快。不过，有的时候，如果未考虑到受众的具体情况或者话语韵律不匹配内容，幽默也不一定能产生理想的效果。27 个课例中所观测到的老师表达幽默而无人笑的两次，就是属于这种情况：

一次是 J7 老师在引导学生发现公交车上每个人物的工作都不同之后，用夸张的语气说："不同不同大不同，老师希望今天同学们画的画也都大不相同。"由于教授对象是一年级学生，可能这些孩子此时还不懂 J7 老师说的"大不相同"是什么意思，因此在这种语境下孩子们并不能理解老师的幽默。

另一次是 Y9 老师在教《留住秋天》时，学生们都需要用到树叶，有一位学生在老师讲解的时候一直自顾自地玩树叶，于是老师就用幽默委婉的方式说道："这片叶子要送给我吗？如果是的话，我就收走了哦。"但所有学生都没什么特别反应。从整堂课来看，学生们之所以没有反应，一是师生情感融洽情况一般，二是教师表达这个幽默内容时的语气太平淡，感觉带有苛责的成分。

（二）缺乏自嘲反思精神

本研究所指的自嘲要素包括"挨批评时反击次数多""挨批评时消极沉默"和"不主动谈及自身不足"这三个反向观测点。所观察的 27 个课例中，只有三位老师被学生指出了不足之处，有一位老师作出了很好的回应，另外两位老师选择了沉默。

作出回应的是教学《朱德的扁担》的 Y2 老师。该堂课上，Y2 老师以课件形式呈现课文原文段落，课件上写着"跟毛泽东带领的队伍会师了"，当老师安排学生们朗读课件内容时，有位学生指出："老师，少了一个'同志'！"Y2 老师马上回应："不着急，不着急，加上它。"随即就在课件上加上了"同志"二字，并借此机会教授了生字"志"。Y2 老师能够很自然地接受学生所指出的失误，并发挥教育机智将其转变为教学契机，顺利解决了课堂上的突发问题。

两位选择沉默的老师，其中有一位是教学《表内乘法（二）》的 Y5 老师，她在新授完本节课的知识后，布置了教材 72 页的习题让学生自主练习，这时一位学生说："老师，64、65 页还没做！"Y5 老师简单回应道："我知道。"这时另一位学生对前一位发言的学生说道："ngai 了吧你"（长沙方言，类似于"蠢了吧你"），老师对此没有做出回应。另一位是一位美术老师，她在总结先前五位同学关于"坐公交车要用到身体的哪些部位"的答问内容时，一位学生突然说："老师，还有腿呀，没有腿怎么上车？"话音刚落，就有部分学生小声笑起来，但是老师并未对此做出回应，而是继续按自己的节奏往下讲课。

观察可知，当前课堂上的师生关系比较和谐，但从老师课堂上被指错误后的表现来看，并非所有教师均能作出合理回应，更少有老师能够以平和的心态接受学生的批评，甚至以自嘲的勇气来化危机为契机，把课堂生成的事件转化为情境化的教学资源。

四、书面美感度较好

所观察 27 节课，板书情况大体可以分为六种：有 14 位老师的板书全部用粉笔书写，有 7 位老师的板书全部用黑板贴，有 2 位老师结合使用黑板贴与粉笔板书，有 1 位老师结合使用黑板贴与希沃电子白板，有 1 位老师用马克笔在白板上书写，有 2 位体育老师没有板书。

视频中老师们的板书，总体比较美观，例如图 5−8、图 5−9。但有时也会出现一些需要优化的地方，主要表现在：板书字体结构不稳、板书字体高矮大小参差难看、板书排版不整齐、行款不合适等几个方面，限于篇幅，不举例。

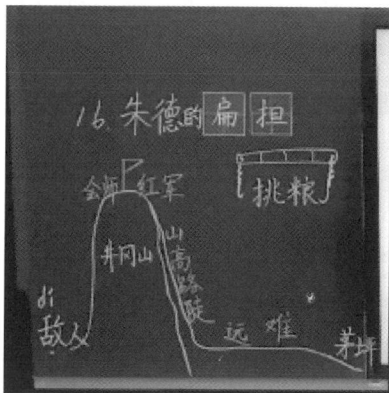

图 5−8 《朱德的扁担》

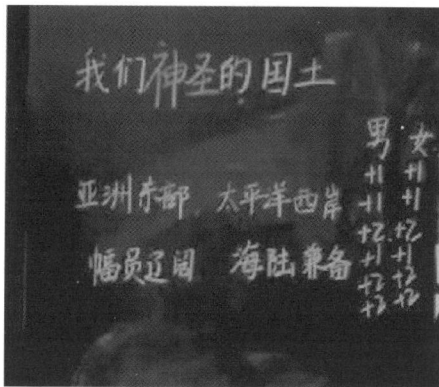

图 5−9 《我们神圣的国土》

黑板贴这种新式板书，在此次观察课例中表现为两种形式：一种全部由老师制作，另一种由师生合作制作而来。其中，全部由老师制作的，因为设计的系统性更强些而通常比较美观，师生合作制作的则普遍存在贴条数量过多、字迹不一、排版杂乱等问题，且往往因为字号过小而导致后排学生看不清。此外，有2位老师将黑板贴与粉笔板书结合使用，对提高书写速度及书面美感度有帮助。

第五节　教师日常管理语言

我们选用两个案例来展开教师日常管理语言的分析。两个案例都来源于教师在办公室对学生进行的个别谈话教育，两个案例中的老师都有丰富的教育经验，学生分别为中学段学生和高学段学生。

一、案例1描述

午休时三年级某班两位学生吵闹，其中一位学生用尺子割另一位学生的耳朵，冲突就此发生。来到办公室后，教师首先要求两个学生分别阐述事情经过，了解到动手的是学生2后，先对两位同学都进行了批评（因为都属午休违纪），然后考虑到学生2的错误更严重，且尺子属于危险物品，稍有不慎也会导致其他学生受伤，老师又进行了进一步谈话，如下：

案例5-1　午睡时用尺子割耳朵后的单独教育

学生1：我在要睡觉的时候，他就用尺子来刮我。

师：老师这里也有尺子（将尺子给学生1）。为什么要用尺子割他耳朵?! 来，你反过来割他。为什么要割耳朵，来，张XX（学生2），你说。

学生2：我刚刚只是在那里玩，他找我说话，我在那里割的时候，他就一直搞我，之后我就假装这样割一下，就这样了。

师：可以这样玩吗？尺子这个地方很锋利，知不知道，知道吗？

（无人应答）

师：嘴巴讲话

学生2：知道。

师：那你一这样割，把耳朵割断了怎么办？啊？割掉了怎么办？

（沉默）

师：睡觉就睡觉，不想睡就看书，为什么要玩这种游戏？

（敲打学生2的手板）

学生2：我无意间的。

师：耳朵这里被割红了。

师：好玩吗？

学生2摇头

师：我也觉得不好玩，（教师用尺子轻轻擦过学生2的耳朵）痛不痛？

学生2：痛。

师：那老师还只是轻轻地弄了一下。这样割是很容易割伤的，听到没有？讲话，嘴巴讲话。

学生2：知道了。

师：打手板（敲打学生2的手板）。我不想再看到你们俩玩这个了啊！不然你们也给我分开坐。去。

案例中，教师让学生2换位感受，从而明白尺子看起来不危险，但割在身上也会很痛这一事实，然后以打手板的方式作出惩罚。两位学生都认识到了自己的错误，经了解，这两位学生后续也未再发生同类现象。

二、案例2描述

前一天放学等校车时，六年级学生A撕烂了二年级学生B的语文书。第二天，老师先在二年级办公室跟二年级的学生B了解情况，对话如案例5-2第一部分；然后，老师又把六年级学生A叫到六年级办公室内进行谈话，对话如案例5-2第二部分。

案例5-2　六年级学生撕烂二年级学生语文书后的单独教育

第一部分

师（问学生B）：昨天晚上是怎么回事呀？

学生 B：排队上校车的时候，他插我和我姐姐的队，我就不让，他就把我的书撕了。

第二部分

师（问学生 A）：你昨天晚上干了什么？

学生 A：没干什么呀！

师：这本书是你撕的？

学生 A：不是，我没有。

师（问学生 B）：昨天有没有人看到他撕了你的书？

学生 B：有，我姐姐也在。

（老师喊来六年级同一趟小车的同学学生 C）

师：我再问你一次，你有没有撕他的书？

学生 A：我没有。

师：不说真话，我就要打 110 喊警察来。你想去警察局吗？

学生 A：不想。

师：不想就说实话，有没有撕？

学生 A：没有。

（学生 C 到办公室）

师：昨天学生 A 有没有撕他的书？

学生 C：撕了，大家都看到了。

师（问学生 A）：都看到你撕了，你还不承认。

学生 A 不说话

师：（此时教师打学生 A 手板）知道错了没？

学生 A 点头

师：去跟他道歉。

案例中，老师先向二年级学生求证，确认了犯错学生是六年级学生，再与六年级学生谈话。但老师一开口就使用了寻责语言——"你昨天晚上干了什么？""这本书是你撕的？"在该学生始终不承认时，教师又增加证人、言语吓唬、打手板等方式，强迫该生承认了错误。但学生似乎并没有在内心产生对教师教育内容的认同。

三、两个案例的比较分析

以上两个日常管理语言使用的案例都发生在办公室，都属于单独教育。一般来说，单独教育时教师对学生所产生的威压远高于课堂中。两位老师都使用了严肃的语气和问责的语言，且都打了学生的手板，但教育效果有较明显差异，主要原因可能是：

第一，谈话内容。案例 5－1 中老师最关注的是原因（为何割耳朵）及后果（会割伤甚至割掉耳朵），且使用了换位思考；案例 5－2 中老师关注的是学生 A 是否承认犯了错误和是否愿意承认错误，因此，案例 5－1 的教师更具有同理心和人文关怀。

第二，谈话用语。案例 5－1 的老师更多使用特殊疑问句和反问句来问责，如"为什么要用尺子割他的耳朵？""可以这样玩吗？""尺子这个地方很锋利，知不知道，知道吗？"，话语中还带有一定的语气词；案例 5－2 的老师虽然也同样使用了特殊疑问句"你昨天晚上干了什么？"和一般疑问句"这本书是你撕的？"，事实上并没有疑问之意，而且因为学生保持不愿承认的立场，教师的语气态度逐渐更为强硬，甚至用上了恐吓威胁，如"我再问你一次，你有没有撕他的书？""不说真话，我就要打 110 喊警察来。你想去警察局吗？""不想就说实话，有没有撕？"这样的交流方式没办法打开学生的心扉，对于犯错学生来说，反感远远超过了反思。

我们分析，需要教师进行单独教育的情况，其中大部分源于学生之间的争执。有争执，就一定有过错方（或者单独一方或者双方皆是）。处理此类情况时，首先应检查是否受伤，其次了解事情经过，再针对事情真相进行教育。对于过错方，宜更多使用惩劝语言和寻责语言（如"这么做会害人害己！""谁让你这么做的？""谁教你可以用这个东西打人的？"），使学生认识到此类事情的严肃性，情节严重时也可适当给予惩罚。值得注意的是，惩劝语言和寻责语言的使用有时只能起到暂时压制作用，有时还会伤害到学生心理，因此，对于单独教育对象，教师还需长期耐心监督与教育。

当然，这种长期教育需要教育智慧和人文关怀。以笔者熟悉的一位老师为例，该教师班上有位学生心理健康有点儿问题，开学之初便出现了塞纸团、用头撞玻璃等极端行为，但这位老师从没有想过放任不管，而是采取恩威并施的方式教育这位学生。她对他并未另眼相待，而是和其他学生一样严格要求，批评过错，教育讲理。私下，会跟他推心置腹地聊天，细细夸奖他表现好的地方，让他自己感受到自己的进步，也聊起父母长辈们对他的殷切期待，希望他在哪些具体的方面作出努力。老师也表明自己是可以信任和倾诉的对象，希望他能及时与老师分享平时发生的事情，不能做出伤害自己或伤害同学的行为。经历了大半个学期后，这位学生显然能够很快控制自己急躁的情绪，并朝着好的方向努力。

总之，教师运用管理语言教育学生时，要与学生共情，取得学生的信任，让学生愿意跟随老师的引导朝更好的方向发展。教师的语言是一门艺术，教师应加强语言修养，以人为本，关心爱护每一个学生，使自己的语言成为知识的载体，成为爱、欣赏、激励的传递者，使每一个学生都能从教师的语言中感受到人文关怀，感悟到前进的动力；使每一个学生都能在教师的激励下最大可能地实现自身的价值。①

第六节　教师语言优化路径

根据小学教师语言现状，从认知主义、行为主义、人本主义三大教育学理念出发，提出以下六点关于小学教师教育教学语言能力的提升策略。

一、提振语言态度

教师语言意识淡薄，忽略教师教学语言专业化的特质②是教师语言能力存在缺陷的重要原因。小学体育、综合实践活动、美术等学科教师对自身语言要求较低，没有意识到作为教师的语言示范性意义，不关注自己的普通话、粉笔字等基本功，忽视板书的课前设计。很多教师不明晰语言科学

---

① 张志斌，张悦．德育教师语言暴力的归因与消解——基于伦理学视阈中尊重的视角［J］．学校党建与思想教育，2013（02）：28－30．

② 陈桂娟．谈小学新教师教学语言基本功［J］．教学与管理，2015（29）：23－25．

性、交互性、艺术性的内涵，以为教师语言只要语音、语法正确就达到了科学要求，交互性只是师问生答，艺术性就是声情并茂，忽视词汇、板书与媒介语、教学思路等科学性要求，对于师生融合度、语言机智度等关注较少。

凡事要改进，就必须付出时间与心力，而付出后取得最大功效的前提，则是对付出持有高度的认同。因此，提升教师语言能力，最好的策略是同步提振语言态度，即认清教学语言的重要性，认清教师语言对于传道授业解惑的重要性，对于教学质量保障、教学氛围营造、学生心灵塑造的重要性。这种提振，依赖于理论知晓，依赖于耳濡目染，也依赖于实践反思和对教育事业的真诚热爱。

二、付出真挚关爱

德国教育家第斯多惠说："教学艺术的本质不是传授，而在于激励、唤醒、鼓励。"教育教学中，教师的评价语言很关键，也很能彰显教师的专业素养和教学机智。就像我们绝大部分人都是普通人一样，绝大多数学生也都是平凡的学生，但无论多元智能理论要求还是社会多样化需求使然，都需要教师尽可能发现并及时表扬学生的优点，表扬那些即便是别人平时不以为意的优点，表扬那些即便是微小的进步，以此带动其减少甚至改掉其违纪行为，① 使之保持向上的热情并被努力向上过程中的快乐感深深吸引，从而更积极、自觉、愉快地奋发有为。据研究，这种积极心理状态是促进学生发展的终极保障。②

教育教学语言也必然包含一些批评性话语。批评是帮助学生认清缺点的方式，但批评不等于苛责，正面批评的价值要被发掘。所以，对于学生表现不良之处，首先，要就事论事，不因为一件事或几件事而否认整个人，更不能进行人格侮辱；其次，不一味地批评，要指出表现比较好的方面，并针对做错的事情给予态度真诚的批评。总之，只有被批评者对批评者产

---

① 王玉东. 课堂管理方法的系统运用 [J]. 教育理论与实践，2004（22）：60 – 62.
② 王伶俐，黄金联. 教师课堂激励性言语评价运用的反思 [J]. 现代教育科学，2009（02）：12 – 14.

生了认同感，批评才会真正产生作用，因此教师的语言要言之有爱、教师的语言要因人而异、教师的语言要留有余地、教师的语言要发人深省、教师的语言要刚柔并济。①

三、强化积累领悟

访谈中有部分老师认为自己因语言积累不足而导致表达时词不达意、语言苍白。其实，教师语言积累不足不仅影响遣词造句丰富度，还较深地影响教师的语言领悟能力、语言应用能力和语言反思能力。"每个人都有自己的语言库，里面库存着属于自己的全部语言材料：词汇、语汇、句式句型结构、语法、修辞知识等。"② 而每一位教师的学历、专业深度、经验各不相同，其语言库的内存量当然也就不尽相同。"士大夫三日不读书，则义理不交于胸中，对镜觉面目可憎。"（宋·黄庭坚）一个人若未养成阅读的习惯，是很难及时更新知识的，更遑论知识迁移能力的提升。③ 语言是教师职业的基本生产工具，无论语言运用水平怎样，总可以持续积累和强化领悟，从而成为被访谈教师们所期待的"一个能在课堂上信手拈来的老师"。

关于如何阅读的指导非常多，畅销名著《如何阅读一本书》中提出的"主动阅读"是一个重要观念，主动追寻这本书整体谈了什么，怎么言说一些细节，所谈的是否有一定道理，对读者我有何意义等四个问题，则是主动阅读的关键之点。以上四点，从提升语言水平的角度来看，可能还要侧重关注第一点和第二点，即分析"言说了什么"和"如何言说"的内容与形式两者结合的范式。此外，需根据不同能力的培养选择合适的阅读方式。当需要深度思辨的时候，应该选择优质阅读材料进行阅读，并做好读书笔记；当需要扩展视野、打开思维时，就要批量选择不同类型的书本泛读。一纵一横，在交会处寻求阅读的平衡点。

---

① 李建军. 教师批评的语言艺术［J］. 中学政治教学参考，2012（26）：49－50.
② 宋其蕤，冯显灿. 教学言语学［M］. 广州：广东教育出版社，1999：384.
③ 陈武元，王怡情. 我国高校人才培养的痛点、短板与软肋［J］. 厦门大学学报（哲学社会科学版），2021（06）：72－80.

四、关注语言监控

如本书第一章所述，语言监控力来自语言评价与语言意识，语言评价重在对语言信息进行分析、判断并形成结论，语言意识重在对语言形式系统本身及其使用的觉察。教师作为学生语言能力习得的示范者与语言能力学得的指导者，必须具备良好的语言监控能力。这种能力也只能在运用中培养，而运用则有两种大的方向：

一是自我言语监控。可以自我反省或邀请他人评价。比如，一节课上完后，回放（回忆）并记录自己在语言科学性、交互性、艺术性方面的成功点与不足点，然后对这些优缺点进行反复分析，对不足之处进行调整。再比如，课前设立一个目标，比如"本节课我要豁达、自信、随机应变，体现出一定的幽默性"，备课时加以准备，课中边行动、边反思、边录课，课后再对标仔细反思。另外，"当局者迷，旁观者清"，第三方评课也有利于教师发现自己的错误且容易一语惊醒梦中人。君子不器，为了更有质量地培育学生，教师必须虚怀若谷地发展自己，语言能力的提升因为较为软性而更需旁人提点。

二是批判性观察与评价学生语言。教学过程的展开和推进主要依靠一连串的话轮——"教师诱发—学生应答—教师反馈"[1]，课堂是师生言语生命的绽放场域，培养学生的语言能力，课堂就是最真实的情境。因此，课堂上，教师就要做耐心细致、宽容睿智的倾听者和对话者。"倾听是对学生的尊重，倾听中教师能发现学生回答的优点和不足，有利于更好的导答和理答"[2] 是针对学科学习而言，就语言学习而言，倾听更是批判性观察学生用语，然后给予现场指导和调整的前提。

---

① 李秀梅，李如密. 教师教学反馈语：再识、透视与审思——以小学语文课堂为例［J］. 上海教育科研，2020（02）：63 – 67.
② 郑友富. 专家型教师与新手教师课堂提问的比较研究［J］. 教育科学研究，2009（11）：57 – 60.

五、优化职前培养体系

教师教育体系应该体现规范性、实践性和支撑性的特点①，教师语言培育体系也应具备这三个特点。但本研究调查得知，教师们在学生时代并未接受过管理语言的系统学习，对课堂教学语言的培训也基本只局限于普通话、讲故事、演讲，教师语言培育体系还远未健全。为此，师范院校应优化教师语言能力的职前培育体系：

第一，调整语言课程。一方面，师范院校都开设了普通话训练课程和三笔字课程。普通话作为教师资格规定项目，诚然重要，但推普工作开展至今，课程式普通话已可开设为因校制宜、因人而异的选修课程，其他一般性学习可通过讲座、自主练习等方式开展；三笔字等写字训练课程固然重要，三笔字当中有很多共通之处，又有很多不同之处，数智时代到来，"三笔"改为"硬笔字"的必要性也在增加。另一方面，呼应教师对话能力提升、课件制作的课程目前还少见开设。可通过开设案例分析课，对比分析优质课和问题课案例学习教师语言互动艺术，并开展问题案例修改大赛，针对问题案例的研判分析与调整优化，在实战中提升教师语言的互动性，促进课堂的教学生成；可开展比赛，修正课件制作不严谨、不美观、不聚焦等问题，提升课堂教学资源的丰富度。

第二，加强实践锻炼。教学语言是一门需要理论与实践结合的课程，应关注教学语言的专项技能培训②，将教师语言能力提升的活动有意识地与以下活动相结合：在学科教学论中开展阐述说课设计思路的活动③，定期统一组织在现场或千课万人、国家基础教育资源平台等网络平台观摩小学名师课堂教学，组织开展教学技能大赛、微课设计大赛、教育演讲比赛等活动，在见习、实习活动中嵌入语言能力提升任务等，实现语言能力教育的实践实训化，在摔跟头中学会走路，在爬坡中学会爬坡，在有意识的言语运用中实现语言能力提升。

---

① 张军，朱旭东．重构科学教师教育体系［J］．教育研究，2023，44（06）：27-35．
② 周媛．小学语文教师课堂教学语言现状研究［D］．上海：上海师范大学，2019．
③ 王洪宇．师范生教学技能存在的问题及对策［J］．教育探索，2013（12）：54-55．

六、畅通职后提升渠道

教师语言能力的提升永无止境，教学实践岗位是永远的演练场，教育机构和学校要开展多元高质的职后培训，辅助教师提高语言运用素养。

第一，全员开展教师语言研训。首先，教师语言培训不能仅局限于科任老师甚至语文老师，而应面向包括行政人员、后勤人员等所有教职工，培训内容既应包括教师教学语言及管理语言等各个方面，又应在面向不同类型人员时各有侧重，以此增进教职员工之间的互相协同，在学校塑造良好而具有共识的教育教学言语风格，用语言助力全员立德树人。其次，在学校促进教师发展的校本培训方式正在逐渐多样化[①]的新时代，教师语言能力发展也应成为各类校本研修活动的重要内容，要体现教师语言如盐于水、如春在花的贯穿作用。

第二，强化考核评价的引导力量。考核与评价对教师工作有诊断和导向作用，学校应加强对教师语言的考核和评价，建立科学有效的评价体系，将课堂教学语言、教育管理语言纳入教学考核范围，设置详细的考查标准，并采用多样化的考核方式。要注重过程性评价，将考核与教师日常互评结合起来，考察教师常态课的教学语言状况。可充分了解学生的意见，定期让学生结合自身需要和平时交往的感受，给教师的教学语言和教育语言提出意见建议。另外，还可通过相同科目教师、不同科目教师、专任教师与管理人员之间的相互交流，开展友好的诤友型语言评价。

---

① 张秋月. 丰富校本培训的形式　促教师队伍深度发展［J］. 华人时刊（校长），2022（12）：48－49.

第六章
小学语言教育的社会支持：少儿经典的融媒体传播

语言教育的社会支持包括很多方面，一方面，随着互联网的普及和移动设备的大面积使用，信息传播渠道由口口相传、纸媒传播、广播电视传播逐步变迁到各类媒体日益融合的融媒体传播，作为一种新型传媒科技，融媒体实现了人力、内容、宣传等工作的整合，具有覆盖广、可叠加等特性，可以让传播内容"拥有更多的传承载体、传播渠道和传习人群"①，正在成为影响少儿语言教育的最强社会力量；另一方面，中华传统经典教育对于增强中国人的骨气、底气及促进少儿个体成长都有重要意义，国家希望"把中华优秀传统文化……贯穿于启蒙教育、基础教育、职业教育、高等教育、继续教育各领域"②，且近十几年来中华传统经典教育发展成为一场轰轰烈烈的社会实践活动，学校也以蒙学读物等经典诵读教学为主要形式，开展了许多中华传统经典教育实践活动。因此，本研究以少儿经典的融媒体传播为观测视角，探讨小学语言教育的社会支持情况。

---

① 中共中央办公厅，国务院办公厅. 印发《国家"十三五"时期文化发展改革规划纲要》[EB/OL]. (2017－05－07) [2023－11－10]. http：//www. gov. cn/zhengce/2017－05/07/content_5191604. htm.
② 中共中央办公厅，国务院办公厅. 印发《关于实施中华优秀传统文化传承发展工程的意见》[EB/OL]. (2017－01－25) [2023－11－10]. http：//www. gov. cn/zhengce/2017－01/25/content_ 5163472. html.

第一节　关键概念

一、少儿经典

少儿经典是适宜于 0～14 岁少年儿童阅读的中华传统经典的简称。关于"中华传统经典"的界定很纷繁，如有认为是"中国历史上长期公认的、体现圣贤义理之学的，具有深远影响的作品"①；有认为是以先秦经典及诸子学为根基，广泛涵盖了两汉经学、魏晋玄学、隋唐佛学、宋明理学和同时期的汉赋、六朝骈文、唐宋诗词元曲与明清小说②。本研究基于当前社会的少儿经典使用与推广实况，将"少儿经典"界定为中华民族历代留传下来的具有典范性和权威性的蒙学读物与诗词。

二、传播模式

本研究以哈罗德·拉斯韦尔的 5W 传播模式作为理论框架，将传播渠道、传播主体、传播受众、传播内容、传播效果等作为架构传播模式的基本要素。其中，传播主体指传播过程中担负信息收集、加工和传递任务的人或机构，传播内容指传播的讯息内容，传播渠道指信息传递所必须经过的中介或借助的物质载体，传播受众是传播主体的作用对象和传播的最终对象，传播效果是传播主体传递出的信息经媒介通道到达受众而引发受众的观念、行为方式等的改变。另外，媒介间信息互联性、互换性大大加强，受众的信息接收渠道和接受习惯发生重要变化等融媒体时代的传播特征，也将纳入本研究探讨少儿经典传播模式的考虑点。

---

① 蒋庆.《书经》选［M］. 北京：高等教育出版社，2004：前言 I.
② 罗萍. 小学阶段中华传统经典教育的价值研究［D］. 重庆：西南大学，2008：5.

第二节　少儿经典融媒体概况

一、古诗词类微信公众号

本研究对微信公众号的选取借助于清博指数官网。在清博指数官网输入"古诗词"作为关键词，截至 2023 年 9 月 22 日，共搜索到相关公众号 111 个，我们选取排列在清博指数官网前 9 名的古诗词类公众号进行分析。这 10 个公众号分别是：古诗词赏析（图 6 – 1）、我们都爱古诗词、读古诗词、经典古诗词、迷恋古诗词、迷上古诗词、我们都爱古诗词精选、粤读古诗词①（图 6 – 2）和理科生读古诗词。

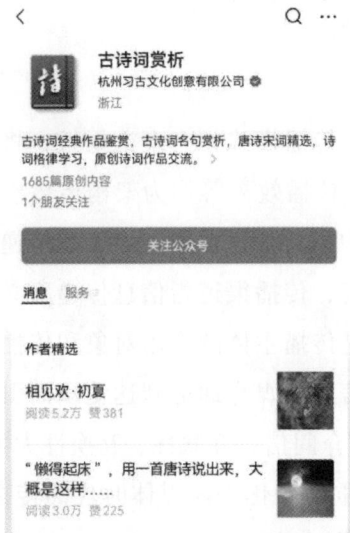

图 6 – 1　　　　　　　　　　　图 6 – 2

上述 9 个古诗词公众号，除排名第八的"粤读古诗词"以儿童作为主要受众对象外，其余多在为成人、青少年提供古诗词鉴赏信息。从主要目

---

① 该公众号主要内容是小朋友用粤语朗读短小古诗词。已于 2021 年 8 月 30 日停止更新。

标受众群体来看，这些公众号使用人群定位于青年及成人，软件操作与呈现内容较为复杂，较少考虑少儿对其的接受性。

二、喜马拉雅等手机 App

目前经典传播做得较好的 App 有喜马拉雅、西窗烛、知到。这一类 App 客户端总体特征是有多样化的学习板块，且内容较为全面系统，体系规范成熟。

"喜马拉雅"分为推荐、知识、娱乐、生活、特色和其他六大板块，涉及畅销书、名校公开课、国学书院、影视、诗歌等内容，能在智能手机和音响、手环等终端进行内容植入，建立了较全面的音频内容分发体系。喜马拉雅中的"宝宝巴士·国学儿歌""小学生必背古诗词""宝宝巴士·奇妙古诗词""任志宏诵读经典"和"唐诗三百首——原文朗读"，是目前经典传播 App 中最有影响者之一。

"西窗烛"是诗词鉴赏类 App，它的内容丰富，涵盖经典唐诗宋词，支持全文检索、风格简约、界面纯净、排版清晰。在"进入"页面中，每天都有推荐一首诗词歌赋，精选了数千条诗词名句，实现卡片式切换。

"知到"是一款在线学习应用，里面有海量的学分课程，它将学习者、教学者融合在一起，能够与名校教师"面对面"互动提问，通过学科名师和教育专家的把关，为受众提供优质经典知识的学习渠道。

三、"中国少年国学院"等一般性网站

关于少儿经典网站，业内口碑较好的有中国少年国学院、中华经典资源库、国学网、古诗文网等一般性网站，以及转播"中国诗词大会""经典咏流传"等节目的视频网站，主要以国学的基础普及、交流推广为主要责任。

"中国少年国学院"是共青团影视中心旗下唯一以弘扬中国传统文化为主题的网站，它有核心观注、慈孝文化、师道尊严、诗词鉴赏等多个板块的内容，并且将部分学校开展国学活动的图片、视频也纳入其中，更贴近儿童实际生活，使之能直观感受到传统文化的熏陶。

"中华经典资源库"的主办单位是教育部国家语言文字工作委员会，每一期节目都分为讲解、诵读、书写三大板块，所邀请专家均拥有较高专业素养，如《鱼我所欲也》讲解人是北京一零一中学特级教师程翔，诵读是中央人民广播电台播音指导方明，书写是中国书法家协会理事卢中南。

"国学网"由首都师范大学推出，它分为国学宝典、国学司南、国学人物、国学书院、国学投稿、国学入门、国学专题和国学产品八大板块，内容涵盖民俗、考古、汉学、节日、楹联等多个方面，通过超链接的方式进入不同板块，有利于受众迅速检索到所需内容。同时网站还拥有自己的论坛和官方微信，为受众提供了一个讨论学习平台，实现了不同受众之间的思想碰撞与交流。

"古诗文网"专注于古诗文服务，可以便捷地发表及获取古诗文相关资料，且每首诗都分为翻译、注释、赏析和背诵等板块，内容详实，业内评价较高。

四、《中国诗词大会》等文化类节目

通过对各播放平台中文化节目的调查发现，截至 2023 年 9 月，中华传统经典文化类节目大致可分为三类：一是以诗词、文字为主要载体，例如《中国诗词大会》《典籍里的中国》等；二是以古代文博为主要载体，例如《国家宝藏》《古韵新声》等；三是以其他艺术形式为主要载体，例如《经典咏流传》《故事里的中国》等。这些文化节目都生动活泼，做到了为观众喜闻乐见，能吸引多种年龄层次的观众收看，但对于少儿来说总体偏向深奥，诸多观点和道理一定程度上超出了少儿认知能力范围，目前完全以少儿作为受众主体加以策划的节目少之又少。

五、"最美古风古诗词"等微博

大部分受众使用微博主要是摄取时事新闻、文娱八卦及讨论热点事件，中华经典在微博上的热度较弱。从微博综合排序来看，截至 2023 年 9 月 22 日，与传统经典传播相关的微博号排名前五者分别为："最美古风古诗词"

"一句·古诗词""经典·古诗词""遇见最美的古诗词""迷恋古诗词"。

其中，"最美古风古诗词"账户截至 2023 年 9 月 22 日粉丝数为 523.3 万，视频累计播放量 734.7 万，单日更新数条，阅读量超过 10 万但互动数只有千余。排名第二的"一句·古诗词"相比"最美古风古诗词"，数据上已有较大差距。除此二者之外的其他微博账户，传播内容更加不成体系。

第三节　少儿经典的传播模式现状

一、传播渠道：多种媒体融合趋势明显

随着互联网的普及和移动设备的大面积使用，信息传播方式由以口口相传、纸媒传播、广播电视传播为主，逐步变迁到以各类传播媒体日益融合为主。在这种融媒体背景之下，传播平台也随之相应改变传播渠道，主要体现在日益重视媒体与传播受众、媒体与传播内容、媒体与传播技术、媒体与社会的融合与创新。比如，将文字、视频、音频等资源通过技术融合贯通，打造全新的媒体形态；根据平台自身的发展需要，采用跨平台方式传播内容，将各内容板块加以延伸与紧密配合；将受众的网络生活与现实生活相联合，搭建起沟通桥梁，实现了媒体与社会的交互，等等。本章第二节介绍的少儿经典融媒体概况表明，少儿经典的传播渠道也正在呈现多种媒体融合的明显趋势，此不赘述。

二、传播主体：专业团队主导的三类主体

传播主体是传播活动的第一要素。本研究从不同的传播渠道选取了关注量和阅读量较大的平台进行分析，并将传播主体分为主导性传播主体和次生性传播主体①，具体如表 6-1。

---

① 主导性传播主体指主要的、引导发展方向的传播主体，次生性传播主体指第二次生成、衍生出来的受众。

表 6-1　各媒体平台的传播主体

传播渠道		名称	主导性传播主体	次生性传播主体
微信公众号		古诗词赏析	杭州习古文化创意有限公司	筛选性评论
		我们都爱古诗词	个人	筛选性评论
		读古诗词	深圳市坪山新区瓜果园果品商行	筛选性评论
		经典古诗词	深圳学点商贸有限公司	筛选性评论
		迷恋古诗词	深圳学点商贸有限公司	封闭性评论①
		迷上古诗词	个人	开放性评论
		我们都爱古诗词精选	个人	开放性评论
		粤读古诗词	个人	封闭性评论
		理科生读古诗词	个人	开放性评论
手机 App	喜马拉雅	宝宝巴士·奇妙古诗词	宝宝巴士(福建)网络科技有限公司	开放性评论
		小学生必背古诗词	白云出岫、蓝色百合团队	开放性评论
		康震品读古诗词	康震团队	开放性评论
		王立群品经典宋词	王立群团队	开放性评论
		凯叔讲故事	王凯团队	开放性评论
	西窗烛	给孩子的诗	北京西窗文化传媒有限公司	开放性评论
		千家诗		开放性评论
		唐诗三百首		开放性评论
一般性网站		中国少年国学院	共青团中央网络影视中心	开放性评论
		中华经典资源库	国学语言文字工作委员会	无
		国学网	北京国学时代文化传播股份有限公司	开放性评论
		古诗文网	汤继华团队	点赞、转发
微博		最美古风古诗词	个人	开放性评论
		一句、古诗词	个人	开放性评论
		经典、古诗词	个人	开放性评论
		遇见最美的古诗词	个人②（隶属青梅文化）	开放性评论
		迷恋古诗词	个人	开放性评论

---

① 该公众号未开放评论区。

② 该账号是个人账号，但为青梅文化的合作账号。

　　统观现行融媒体中的少儿经典传播主体，主要可分为三类：

　　其一是专业团队。成熟的专业团队有较为完善全面的专业知识和技能，对所传播经典的内容解读角度多元，呈现内容扎实丰盈，使用语言通常通俗易懂，还具有成熟的运营手段和切合受众市场的运营节奏，所以社会关注量大、具有较大影响力，形成了自身的核心竞争力。以表 6 - 1 中的"凯叔讲故事"为例，该团队以王凯作为台前讲述人，将品牌形象赋予到一个具象的人身上，让听众在接收信息过程中通过该具象化的人，与文化知识建立起更加亲密的情感联系。该团队通过这一运营手段，还打造了"凯叔·诗词来了"①等同类型频道，推动中国传统文化在儿童群体中的普及。

　　其二是普通个体。这一类传播主体的总体特点是有才华、热爱经典并致力于中华传统经典的推广学习与交流。如"我们都爱古诗词精选"的传播主体是个人，推送的文章深度虽比不上专业团队，但该类传播主体更新频率较快，而且能在互动区域经常与受众进行交流，更容易引起受众的关注，实现传播主体与受众之间的情感交互。

　　其三是"自燃受众"。"自燃受众"指在互动过程中自发地通过转发、评论等方式进行二次传播的受众。融媒体时代的传播主体和受众界限模糊，受众不再仅仅被动接收信息，而能根据自身特定需要选择不同媒介和不同内容。自燃受众在接收内容时，能对主导性传播主体发出的内容作出反馈，在评论区发表留言和转发，无形中为传播主体的内容进行了发布与传播，并由此也实现了自身从被传播者到传播者的角色转换。相较于前两种传播主体，自燃受众这一传播主体因为随机性较强、自由度较高，没有特定的传播任务和工作，仅随自身兴趣爱好和日常习惯参与传播，所以也存在过于分散、专业完整度不高、易受影响、无法快速判断信息正误等缺憾。

三、传播受众：开始关注基于特性的互动优化

（一）一定程度关注了受众群体的层次性

随着我国社会整体生产力水平不断提高，文化消费的社会分层化也愈

---

　　① "凯叔·诗词来了"栏目现已注销。

发明晰，本研究根据对传播主体所传递信息的吸收程度，将传统经典的受众分为游客型参与者、一般性爱好者与诗词创作者。其中，游客型参与者随意性大，没有固定的接收某些主体信息的意向；一般性爱好者相对稳定，对于某一类信息有自己独特的偏好并为之采取相应传播行动；诗词创作者接受与参与程度最高，拥有相对固定的输出和交流频次，也拥有自身对相关信息的正误、好坏评判标准。

从表现来看，当前媒体一定程度上关注了三类受众的取向期待。传播内容方面，举例而言，"古诗词赏析"公众号将受众定位于一般性爱好者和诗词创作者，筛选了价值较高的原创内容加以推送，提供了一个能让受众发表诗词、交流互动的开放平台。"宝宝巴士·奇妙古诗词"则将受众定位于游客型参与者尤其是占比最大的儿童参与者。考虑到儿童诗词素养基础及普遍时间利用特点，所推送内容更多是诗词朗读和浅要赏析，目的在于提供一个接触诗词、提升诗词品读能力的平台。"凯叔讲故事"将受众定位于偏向儿童的游客型参与者和一般性爱好者，通过小故事讲大道理，对儿童进行简单的生活常识、科学知识介绍以及价值观塑造，以音频的方式进行传播并在音频中穿插了不同音效，抓住了儿童注意力不够集中、探索欲望强、好奇心强的特点，一定程度上能够吸引儿童的注意力，且每个节目的时长都控制在 5~10 分钟之内，能够合理利用碎片化时间，全方面为儿童构建传统经典知识体系添砖加瓦。反过来，在三类不同受众的有意无意"督导"下，传播主体能不断反思、优化传播内容与传播渠道。

（二）少量媒体关注了互动的即时性与广泛性

相对于跨越时空成本极高的纸质媒体和按程序、固定时间播送的广播电视媒体，融媒体具备主体与受众之间即时交互、广泛交互、二次交互的可能性，现有经典内容传播媒体中，有少量已经在互动即时性与广泛性上做出了努力。如喜马拉雅中的音频节目"康震品读古诗词"，受众听取节目后，可在评论区自由发表感想，康震老师则会选取其中部分评论进行点赞和回复，一定程度提高了听众参与互动的积极性，有利于不同思想的交互和碰撞。现介绍部分传播平台的受众定位和反馈功能情况，如表 6-2。

表 6-2 部分传播平台的受众定位和反馈功能情况

媒体渠道	名称	受众定位	反馈功能
微信公众号	古诗词赏析	一般性爱好者、诗词创作者	点赞、评论、转发
	我们都爱古诗词精选	游客型参与者、一般性爱好者	点赞、评论、转发
	一天一首古诗词	一般性爱好者	点赞、评论、转发
喜马拉雅	宝宝巴士国学·奇妙古诗词	游客型参与者、一般性爱好者	点赞、评论、转发
	康震品读古诗词	参见下文个案分析	点赞、评论、转发
	凯叔讲故事	游客型参与者、一般性爱好者	点赞、评论、转发
一般性网站	中华经典资源库	一般性爱好者、诗词创作者	评论
	中国少年国学院	游客型参与者、一般性爱好者	转发
	古诗文网	一般性爱好者	点赞、转发

四、传播内容：应时性明显但层次水平不一

内容是传播的根本。在传播过程中，各媒体平台涉及的经典范围比较广，包括蒙学读物、古诗词、宗教哲学思想读物。他们将经典知识融入日常生活中，体现出了生活处处有经典的理念。

（一）具有明显的应时性

截至 2023 年 9 月 24 日，本研究的查阅情况，发现融媒体传播主体善于抓住传统节日、二十四节气等时间节点来传播相应的知识内容。现略举其中 5 种，归纳如表 6-3。

表 6 - 3　各媒体传播内容应时性分析

		古诗词赏析	一天一首古诗词	唐诗宋词古诗词	康震品读古诗词	我们都爱古诗词精选
节日	重阳节	√	√	√	√	
	元旦节	√	√	√		
	腊八节	√		√		
	春节	√	√	√	√	√
	元宵节	√	√	√	√	√
节气	寒露			√		√
	霜降	√	√			
	立冬		√	√		
	小雪	√	√	√		
	小寒					√
	大寒	√				
	立春	√	√	√		
	春分	√		√		√

以表 6 - 3 中"古诗词赏析"公众号为例，春分节气来临，它便发出《春分——轻风细雨，惜花天气，相约过春分》一文，介绍春分的来源、三候和民俗，并且伴着节气一起读诗，推送结尾还有一句"在最好的春光里，莫负自己，执着前行"。一篇文章就把春分的节气特征讲解透彻，还鼓励人们莫负春光，贴近了受众心理。

再如公众号"一天一首古诗词"元宵节推出的《元宵节，让我们相遇在灯火阑珊》，从标题中，我们就仿佛看到了一幅灯火通明的画面，感受到元宵节热闹的场面。文中介绍了吃元宵、赏花灯、猜灯谜、舞狮子、耍龙灯、迎紫姑等元宵节民俗仪式活动，还配上了诗词和不同朝代的灯会照片，图文并茂，元宵节文化源远流长的意蕴扑面而来。再如该公众号 2023 年 9 月 10 日的推文《古诗里，藏着赞美老师的最美诗句》，在教师节这天，作者列举的赞美老师的诗词，内容准确而详细，引得不少读者纷纷在评论区发表感言，吸引了观众注意力，提升了流量，同时结合生活实际事件，搭建起了自然地传承文化的情感桥梁。

（二）层次水平参差不齐

本研究发现，大多数相关公众号的结构层次与内容水平参差不齐，有的推送含金量有待商榷。以表6-3中的"一天一首古诗词"和"我们都爱古诗词"两个公众号为例，前者旨在为一般性爱好者提供适时、适情、适景的古诗词赏析，每天推送8篇文章，前五篇为固定的"一字""一文""一语""一词"以及"一诗"的系列文章，内容排版较为固定，整体质量较高，但还存在目录逻辑不清晰、不方便用户检索的缺憾。"我们都爱古诗词"的质量就要弱一些，其界面上的大板块中只有"精彩推荐"一项，该板块由"生命不是一场等待""100句经典名作""中国诗词大会"3个小板块构成，但点击小板块只能获取到已设定好的某一期固定内容。虽然其更新频率较快，平均每天会推送4篇文章，但4篇文章的内容之间缺乏整体关联，部分内容甚至脱离了该账户诗词学习的初心，偏向"心灵鸡汤"和商业广告，来源杂乱，主题跳跃性大。查阅检索过程中发现，推送与中华传统经典无关内容，推送与合作企业的商业广告，推送时间不稳定，导致了相关媒体内容质量不太高，无法营造适合少儿经典传播的网络社会环境。

当然，上述情况主要体现于微信公众号。手机App、一般性网站和网络视频等其他传播渠道，大部分节目能够保证内容层次和水平的一致性。如"喜马拉雅"App中的"王立群品经典宋词"，主要内容聚焦宋词品读，且板块清晰分明，利于查找和收听。再如"中华经典资源库"网站，进入界面就可以看到精彩推荐、专家荟萃、教材同步、经史子集等板块，其中精彩推荐又分为片段、单集、专题三类，其中仅专题类就包括"叶嘉莹——诗的故事""中华传统文化的智慧""汉字与中华文化""先秦诸子"等近百个专题。

五、传播效果：影响广泛但成效难料

（一）部分平台影响广泛

传播效果指信息到达受众后在其认知、情感、行为各层面所引起的反应，本研究囿于条件未做实验研究，故选取了微信公众号、微博、喜马拉雅、一般性网站四个传播渠道，收集其 WCI 指数、粉丝量、收听量、网页访问量等可以表征受众接受度的量化数据，截至 2023 年 9 月 23 日的统计结果，见表 6－4。如表所示，使用喜马拉雅学习经典的受众最多，如"康震品读古诗词"162 集节目的总收听量高达 6599.9 万，每集收听量达 40 万～287 万。上述传播内容得到受众认可，除了推送频率较为稳定可靠，更重要的应该是以内容取胜。因为喜马拉雅的"康震品读古诗词"和"王立群品经典宋词"所解说的经典古诗词，视界开阔，既有宏大的历史叙事，又有入微的人物剖析，能陶冶精神情操，放大为人处世格局，树立正确的人生观、价值观，弘扬民族传统文化，增强民族自尊心和自信心，具备良好的推广价值。

表 6－4　部分融媒体的传播效果一览

	名称	WCI①
微信公众号	古诗词赏析	915.94
	我们都爱古诗词	634.02
	唐诗宋词古诗词	638.47
	一天一首古诗词	596.26
微博	名称	粉丝量
	最美古风古诗词	523.3 万
	一句、古诗词	124.1 万
	经典、古诗词	114.9 万
喜马拉雅	名称	收听量
	康震品读古诗词	6599.9 万
	王立群品经典宋词	1802.7 万
一般性网站	名称	网页访问量
	中华经典资源库	5.6 万
	中国少年国学院	未显示

---

① WCI 指数：指由原始数据通过计算公式导出的标量数值，是用总阅读数、平均阅读数、最高阅读数、总点赞数、平均点赞数和最高点赞数得出的综合指标。

（二）少儿经典传播效果难料

判断少儿经典传播效果难料的原因，主要有两点：

其一，传播主体未关注少儿受众的接受特征。少儿的注意力和知识接收能力不能与成人相提并论，部分传播主体将为少儿传播经典文化作为旗帜，但传播方式、传播内容却不切合少儿需求，往往也只是粗略地将知识"摆"在平台上，没有细致研究什么内容、什么形式能为少儿所喜爱或能激发少儿的探索欲和好奇心。举个优秀案例，如动画片《演绎识字》，它用动画叠加甲骨文的形式，生动展现出汉字的来龙去脉（如图 6-3①），利于孩子轻松理解、快速记忆，且设置了汉字巩固、组词、组成语、造句、用字编故事等复习环节，能进一步加深记忆。该节目以故事作为整个介绍的基础，让孩子在听故事的过程中掌握汉字的由来和组成，再加上水墨画的画风、古筝曲的配乐等，典雅优美，很富审美意蕴。

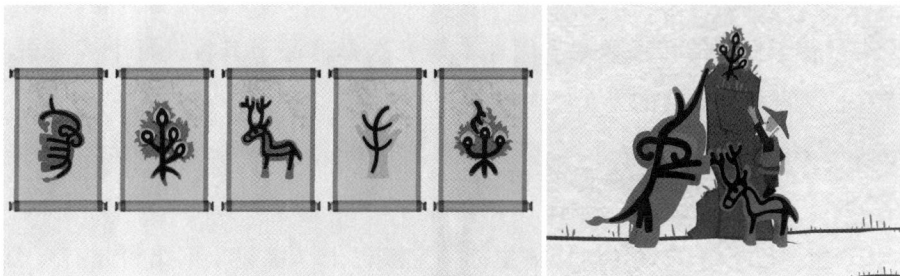

图 6-3 《演绎识字》对"象、果、鹿、手、采"的解释

其二，传播主体与少儿受众的交流不密切。儿童的世界纯洁又神秘，要了解儿童之所热爱，必须倾听他们的声音。但当前中小学生使用融媒体的时间相对较少，且有些传播平台并未开放评价，或虽然开放评价但采用

---

① 《演绎识字》的创意来源于仓颉造字，主线是仓颉在造字的途中遇到了两个顽皮的孩子捣乱，把仓颉的字都弄湿了，于是仓颉就带着这两个孩子去认这些字。认识每个（组）字的流程，以图 6-3 呈现的"象、果、鹿、手、采"这 5 个字为例，大概如下：第一步，动画演绎故事——一只象吃到了地上的果子，它往前走，看见一个老人站在一只鹿身上去摘树上的果子却够不着，这时候象也试着去够果子，发现也够不着，于是他们就发挥合作精神，让老人站在象的身上去够果子，哈哈，这下果然就够着果子啦；第二步，用图 6-3 中的图片，呈现动画中的 5 个汉字；第三步，在介绍 5 个汉字的字形演变过程中，解释字形与字义的关系并组词造句。

了筛选性评价而非开放性评价。一般来说，开放性评价能够放出来自受众的所有评价，包容度和自由度更大，但由于受众素质不一，在引入清风的同时也会放进蚊蝇，需要传播主体心理强大并且具备引导较大分歧的领导力。采用筛选式评价有利于形成统一立场、风格和偏好反馈，但拦截"不一样的声音"这一做法也可能引发当事受众反感，且"信息茧房"的形成也易导致一些弊端。如何权衡两种评价，与受众形成既密切又可控的关系，是对传播主体的较大考验。

第四节　少儿经典传播平台的两个案例

"宝宝巴士·奇妙古诗词"和"康震品读古诗词"的受众定位涉及儿童这一群体，受众与节目定位较为吻合，并且社会关注量大，吸引了大量受众，取得了良好的传播效果。因此本研究选择这两个节目进行个案分析，希望能为融媒体时代的少儿经典传播模式构建提供一定借鉴。

一、宝宝巴士·奇妙古诗词

"宝宝巴士"的主导性传播主体是宝宝巴士（福建）网络科技有限公司，专注 0～8 岁儿童启蒙教育，以移动互联网为载体，以"兴趣启蒙小帮手"为口号，以蒙特梭利教育作为理论依据，根据学龄前儿童不同年龄阶段的敏感期特点和学习重点来设计产品，构建出"好听"（国学故事）、"好看"（儿歌动画）、"好玩"（互动 App）的"年龄＋能力"多元产品体系。现已发布超过 200 款 App、3000 多集儿歌动画、9000 多期国学故事等，面向全球 160 多个国家和地区发行了中、英、日、韩、阿、法、俄、葡、西、越南、印尼、泰 12 个语言版本，累计下载超过 150 亿次，每月活跃用户超过 9000 万户家庭，儿童动画累计播放超过 240 亿次。其中，"宝宝巴士·奇妙古诗词"按年龄分为 3＋、4＋、5＋、6＋和 7＋，截至 2023 年 9 月 24 日共推出了 379 集，讲述了 222 首古诗词（详见附录七），每首诗的点击量都过 10 万，累计播放 2.2 亿次，部分古诗词截至 2023 年 9 月 26 日的播放量如表 6-5。

表 6-5 "宝宝巴士·奇妙古诗词"部分诗词收听量

诗词名称	收听量
《池上》	555.3 万
《咏白鹭》	352.8 万
《渡汉江》	347 万
《鹿柴》	193.6 万
《所见》	395.4 万
《塞下曲》	164.8 万
《独坐敬亭山》	159.2 万
《敕勒歌》	191.7 万

"宝宝巴士·奇妙古诗词"取得如此骄人的成绩，主要是由于"宝宝巴士"聚焦儿童启蒙教育，对儿童所喜爱的内容和形式比较了解，节目内容、节目受众定位、节目功能性开发等都能围绕儿童这一群体展开研发。主要表现为：

第一，内容架构好。所选内容涉及唐、宋、清等多个朝代的诗人，主要以五言律诗和七言绝句为主，都极为简短、精炼，内容排序从简单叙事到复杂情感体验，诗词难度由浅入深、由易到难，并参照人教版小学语文课本和小学生新课标必背古诗词，与学校课程相融合。

第二，选材价值高。该节目对诗词的选材包括咏物抒怀类、思乡怀人类、叙事抒情类等，诗词中所凸显的价值取向较明确。咏物抒怀类的《咏华山》《登鹳雀楼》《敕勒歌》等诗词，展现了祖国的大好风光，激发儿童的爱国热情；思乡怀人类的《回乡偶书》《游子吟》《静夜思》，体现了游子对家乡亲人的思念之情，引导儿童要学会热爱故乡，珍惜身边亲人；叙事抒情类的《悯农二首·其二》，描绘了农民伯伯辛勤劳动的景象，引导儿童要珍惜粮食，学会尊重他人的劳动成果，从而达到了心理和态度层面的效果。

第三，学习形式活。每一首诗词都由专业的音频团队根据诗歌内容和意境进行设计，每一集都有独特的少儿主体对话与儿歌配乐，多采用童声唱读、童声朗诵的形式，突出五言律诗和七言绝句之间在朗读技巧和断句上的不同，且设置了"童声唱读（接触期）—亲子跟读（熟练期）—童声复唱（检验期）"共三个环节，通过唱读、诵读、带读、齐读四种形式对诗词进行反复记忆，还给亲子互动留下了空间。

第四，展现机会多。节目曾经开通"录音秀"栏目，平台提供了相应的诗歌伴奏，家长在陪同孩子朗诵诗词时，可以将孩子学习时的录音发表在栏目区，作品发表成功时会有数据分析，系统会给作品打分。该栏目的发表量非常大，家长们对节目也非常满意，孩子们在学习过程中也非常快乐。这不仅是一个学习诗词的平台，也是孩子们个人展示的平台，达到了竞争共促的行动层面的效果。本研究选取了该节目连续 20 首古诗的"录音秀"发表量，如表 6-6 所示。

表 6-6 "录音秀"栏目诗词发表量①

序号	名称	发表量（人次）
1	《咏鹅》	5470
2	《山村》	867
3	《春晓》	781
4	《静夜思》	561
5	《江南》	511
6	《寻隐者不遇》	238
7	《池上》	198
8	《所见》	81

---

① 2021 年后未更新。

（续表）

序号	名称	发表量
9	《赋得古原草送别》	201
10	《古朗月行》	211
11	《画》	257
12	《风》	198
13	《咏白鹭》	33
14	《悯农》	229
15	《渡汉江》	29
16	《夜宿山寺》	100
17	《登鹳雀楼》	201
18	《绝句》	98
19	《京师得家书》	131
20	《杂诗》	62

二、康震品读古诗词

"康震品读古诗词"是以康震、蒙曼和韩静怡三人为代表的团队为传播主体、以喜马拉雅为传播平台的古诗词鉴赏类节目。康震是《中国诗词大会》点评嘉宾、《百家讲坛》讲师、《经典咏流传》鉴赏嘉宾，现任北京师范大学文学院教授、博士生导师，在节目中展现了豁达豪放、自然真实的形象，对古诗词讲解十分透彻，语言温和亲近，内容详实易懂，并且融入了自己对诗词的感悟。蒙曼是中央民族大学历史文化学院教授，节目中主要出现于"大咖推荐"环节，对康老师所讲解诗词进行渗透评析，相比于康震老师来说，她的朗诵方式更贴近儿童的视听习惯。"康震品读古诗词"平均每集的点击量都突破十万，有的甚至过百万，粉丝涵盖了各类不同受众，具体如表 6-7。

表6－7 "康震品读古诗词"部分诗词收听量

诗词名称	收听量（万）
《将进酒》	86.5
《早发白帝城》	345.2
《村居》	259.2
《明日歌》	49
《定风波》	208
《苔》	55.1
《送友人》	57.5
《望庐山瀑布》	250
《望天门山》	88.5

"康震品读古诗词"节目共有162集，每集1首诗，涉及30位诗人的快意人生，600年唐宋家国事，内容小到字词意象，大到创作背景、诗人故事，能够帮助受众了解诗词作者完整的人生图谱和世事变迁。它深度地解析了80首古诗词，并延伸了100多首，覆盖了中小学新课标必背古诗词核心篇目。所选诗人都是唐宋时期非常著名的人物，选择的诗词也是作家最具有代表性的诗词著作，其中比较多的是李白、杜甫、王安石和李清照的诗。

节目的内容形式分为讲诗和读诗，每周一、三、五讲解，每周二、四、六小童声与康震老师一起朗诵。如2018年3月12日至3月17日这周，周一讲解了王维的《鹿柴》，周三讲解了高适的《别董大》，周五讲解了杜甫的《望岳》；周二朗诵了北朝民歌《敕勒歌》，周四朗诵了王维的《息夫人》，周六朗诵了刘禹锡的《陋室铭》。

具体传播内容主要包括创作背景和诗人故事等方面，让受众能够逐字逐句地明白诗词所体现出的意思和情感；互动朗诵专辑，通过配乐和情感诵读，把受众带入情境当中。通过两种形式，带领受众感受诗词的音韵美、意境美和情感美。除此之外，节目还精选了康震书法近百篇，特邀名家作画，给受众提供了山水花鸟的古典视觉享受，突出了诗中有画、画中有诗的美感。在每期节目播出后，康震老师还会留下一个互动题目，受众可以将想法和问题写下，尽情表达心中所感。

"康震品读古诗词"受众定位主要有四类：一是想在忙碌生活中寻找从容的人；二是想丰富文学内涵、提高审美能力的人；三是想培养个人气质、提升内在修养的人；四是想深度学习中小学新课标必读古诗词的孩子。少儿虽然只是四类受众之一，但从评论区相关评价来看，该节目也已对少儿产生了不容小觑的效果：

第一，直接影响了少儿的人生选择。从少儿自己发表的评论看，康震老师幽默、豁达的表达方式吸引了部分少儿的注意力，因为听了康老师的课所以对诗词产生了浓厚的兴趣。许多孩子将康老师视为自己的偶像，希望能现场听课，并立志长大后要考取北京师范大学。其中一位孩子说："老师您好，对您的诗词赏析，说话的语音语速语调都太着迷了，您讲的诗词真是百听不厌，因为喜欢您还说未来要考北师大，如果再给我一次机会，也好想做您的学生啊。"还有孩子说："认识康老师，让我找到了自己的理想和方向，立志要考入北师大成为您的学生，成为像您一样知识渊博的老师。感谢榜样的力量，谢谢您！"康震老师讲解诗词时所展现的文学底蕴无形中影响了儿童的学习观念，激发了少儿学习经典的内在动机，有些儿童因此也关注了康震老师参加的"中国诗词大会""百家讲坛"等节目，他们主动学习中华传统经典，想努力成为像康老师那样优秀的人。

第二，影响了受众中的教师群体。教师群体通过自己学习后，将课程带给班级学生收听，或是在课堂上引用康震老师讲的内容辅助教学古诗词，提高学生学习古诗词的效率。其中有位老师评论："作为一名小学语文老师，康老师的讲课形式影响了我，我会不自觉地把这种形式带到我的课堂，影响我的学生，我也会跟我的学生分享这一切，把中国传统文化传承下去，影响着下一代。让他们感受诗词的美。""康震品读古诗词"的内容覆盖了新课标中小学必背古诗词核心篇目，通常会从创作背景出发讲解诗词写作的情感基调，详细讲解诗词中所描写的意象，引用相关诗词中的典故以加深对本集诗词的理解，很大程度上丰富了中小学古诗词教学的课程资源，提升了一线教师古诗词教学效果。

第三，提升了家长对古诗词的理解能力。家长辅导孩子学习古诗词难度非常大，所以一部分家长选取了"康震品读古诗词"，有的放给孩子听，有的自己和孩子一起学，从评论中可知该节目已经成为部分儿童的睡前读物。家长们认为康老师的节目生动形象、易于理解，能提高孩子们的文学素养，滋润孩子们的心田。

第五节　少儿经典的融媒体传播优化

一、增设以少儿为基础受众的媒体平台

儿童有最基本的互动需求，但目前以少儿为主要受众的媒体平台屈指可数，应把握信息时代的少儿发展重要性，以"儿童本位"为中心，更多搭建专门服务于少儿的经典传播平台。并基于融媒体平台建立少儿群体社交群、互动群，满足少儿的互动需求，一定程度上帮助儿童解决经典学习中遇到的问题，提高儿童的社交意识与社会参与能力。同时也应创新媒体传播形式，将图文、音像等相结合，融入儿童喜欢的元素，如制作成动画片、录制童声音频等，以这些形式播放经典，以激发儿童的学习兴趣。

二、提高传播主体的少儿教育整体素养

提高主导性传播主体的少儿教育整体素养是当务之急。就经典作品而言，少儿教育整体素养主要指儿童心理、儿童教育、政治及传统文化素养。2023 年 1 月教育部颁布的《信息技术产品国家通用语言文字使用管理规定》要求信息技术产品应当为用户提供语言文字信息提示、意见反馈等功能，强调面向残疾人、老年人、少年儿童的产品应当照顾其特殊需求。① 不同年

---

① 中华人民共和国教育部. 信息技术产品国家通用语言文字使用管理规定［EB/OL］.（2023 – 01 – 03）［2023 – 11 – 10］. http：//wap. moe. gov. cn/srcsite/A02/s5911/moe_ 621/202301/t20230113_ 1039278. html.

龄阶段的儿童有不同需求，细化受众定位有助于新媒体国学经典有效传播，同时儿童又具有天生的敏锐性和模仿性，具有很强的媒介思想文化与语言表达方式的学习能力，为此，传播主体应该对儿童心理发展和儿童教育有较深度了解，应该具有较为深厚的中华传统文化素养，能够从中华传统文化中筛选出符合社会主义核心价值观的内容，并能利用融媒体的特点和优势为儿童提供有效的经典传承教育环境。

三、加强传播平台的内部账号监管

近年来媒体竞争日趋激烈，个别媒体为了博得更多的点击量和关注量，不断推出与公众号本身定位不同的文章甚至是相关商业广告，传播平台应建立传播内容分级制度，采取账户等级晋升奖惩机制，制作账户排行榜，采取受众评价或博主互评等机制，加大平台内部对传播内容的把控和对传播主体的约束，针对融媒体借"儿童"标签传播不适内容等作出相应的规范措施。此外，也应建立创作者保护相关机制，正向引导创作者商业盈利，因为对于大部分创作者而言，运营账号除了表达推广所认可的内容观点，也有一定盈利目的，传播平台管理者应该在体制所规定的范围内，设立商业变现的相关管理方法，为创作者提供以守规矩为前提的盈利可能性，比如实现平台流量的公平分配，将"硬广植入"创新转变为"软广融入"等。

四、建立统一的公众平台传播准则

融媒体具有自主性强、门槛低、应用性广的特点，当前部分平台对中华传统经典随意篡改，导致经典解读偏离原有内涵，给少儿受众造成一定的知识性误导。为此，相关部门需要加强市场监管力度，在融媒体大环境中树立起正确的价值取向，制定能够落在实处的制度方针，建立统一的公众平台传播标准。比如，在儿童教育已经形成明显的社会产业链的当前情况下，出台相关政策，鼓励传播平台向儿童的真实消费需求靠拢，通过对儿童心理特征的深入分析与研究，形成教育、媒介、需求三方面的平衡，提高儿童对中华传统经典传播模式的接受程度。再比如，建立统一的公众平台传播标准，一定程度上规范平台运营方式，让纷繁复杂的互联网账号能拥有一个共同的进步标准，在根本上对信息进行筛选和过滤，让那些基于儿童立场、符合儿童需求、相信儿童能力、尊重儿童身心发展规律的信息能够传播出来，给孩子营造一个健康绿色的网络学习环境。

五、促进家校共同参与媒体平台建设

教师和家长理应都是少儿经典传播媒体的重要受众。自媒体时代，受众拥有较大的信息传播主导权，平台为了满足受众的参与欲望与评价诉求，往往会改变原有"材料—读者"的单一输出模式转化为多维度、立体化交流模式，如建立多方参与的"自媒体—国学—读者—评论者—自媒体"模式①，而家校共同参与媒体平台建设由此成为可能与必须。学习中华传统经典的过程中，家长对少儿经典的文本理解，参与媒体平台的态度与深度，对孩子学习经典的引导和督促，以及构建深度学习的家庭环境，都是孩子经典学习的重要保证。因此，学校应该在建立教师拓展自身能力相关机制的基础上，多与家长沟通，掌握学生课余学习经典的情况，了解学生经典学习兴趣、学习习惯、学习能力等相关表现，从而有针对性地指导家长参与少儿经典媒体平台学习，开展少儿经典学习辅导，优化学校经典教育工作。

---

① 刘峰，易贤恒. 自媒体时代国学文化传播创新模式探析［J］. 出版广角，2018（21）：46 - 48.

结　语

　　关于语言的地位，古今中外名家大师们留下了诸多惊叹，譬如，战国经学家谷梁赤认为："人之所以为人者，言也。人而不能言，何以为人。"苏格拉底说："世间有一种能力可以使人很快完成伟业，并获得世人的认识，那就是令人喜悦的讲话能力。"成功学大师卡耐基也说："一个人的成功，约有 15% 取决于知识和技术，85% 取决于人际沟通和口才等综合素质。"

　　确实，在人的成长过程中，语言起着至关重要的作用。呱呱坠地之后，父母的一颦一笑让我们慢慢感知到什么是喜怒哀乐，通过长达一两年的咿呀学语，我们开始慢慢和世界建立基于交流的联系，再通过学校几年十几年的系统教育，我们具备了畅通母语世界的工作与生活能力，甚至还具备了一两种入门级的外语沟通能力。语言让我们认识了世界，语言也让我们某种意义上掌握了世界。而且，语言不仅是帮助我们向外求取成功的利器，还是我们滋养内心、涵养生命的不二法器。语言太神奇！

　　因为语言的神奇，语言教育变得神圣。语言的习得可以依赖生活环境里的日熏月染，但更依赖于学校里教师带领、同学切磋而来的系统化学得。学校是有计划、课程化培养个体语言能力的专门机构，而小学阶段又是学校开展语言教育的奠基阶段，小学语言教育肩负着走好"以言化人"关键里程的重要使命。

　　自觉地开展语言教育，首先要把语言教育的目标竖立起来，把语言能力的结构搭建起来。关于语言能力结构的判断，经历了重知识结构到更重交际运用，从重个体需求到兼重国家需求的发展历程，而从教育的视角来看，具有延展性的语言能力应该由三种二级能力构成——语言领悟力、语言执行力、语言监控力。如果具备了一定的带规律性的语言知识，并能着意于探索语言蕴含的精妙文化，我们的语言领悟力就能逐步提升。如果具备了积极、开放的语言态度，再在这种态度下实践语言的运用，我们的语言执行力就必然逐步加强。如果具有不断反思自身语言运用状态的意识，并能以一定的标准常态化对他人所用语言进行评价，我们的语言监控力就必然逐步强劲。

由"语言三力"——语言领悟力、语言执行力和语言监控力构建而成的语言能力，不是一种静态的水平，而是一种有张力的可持续发展的结构，也是一种较高规格的结构，就连当前语文课程标准也未强调其中的部分要素（如语言意识）。但从构成学校语言教育关系的语言教育者和语言学习者而言，作为专门开展"以言化人"工作的语言教师和以语言作为关键学习内容之一的中小学学生而言，就应当以这样高规格的语言能力作为努力目标。

作为"化人"重要工作的语言教育，各国政策历来就对之关注有加，我国也是如此，并且越来越予以重视。凡政策必然与时而变，与时而变必然会遭遇因路径依赖而产生的改革阻力，因此，对于在国家大政方针之下开展工作的语言教育者而言，从历史制度主义的视角，理解语言政策变化背后的宏观情境，理解政治主体是语言教育的最强推力，对于我们自觉地、有效地开展语言教育，具备重要的先导性价值。

作为一个拥有56个民族、地大物博的大国，作为一个以现代汉语为国家通用语言的正在强起来的大国，我们的语言教育开设情况如何，实施情况如何，是一项值得认真调研和认真反思的工作。对以中部省份湖南为代表的非民族地区小学语言教育现状开展调研之后，我们认为应该适当增加外语课程门类与本土强势方言课程，应当运用技术为县镇学校提供更多发展语言的机会，应当稳步推进不同类型语言类课程建设。对民族地区小学语言教育的现状调研结果也说明需要提升多语种意识与多语种能力，但与此同时，我们还要关注推动更充分考虑少数民族具体提升需求的通用语教育，并加强民族语言文化教育的统筹指导。

为更深入了解小学语言的实施情况，我们以"教—学—评"一致作为观测视角，对经过层层筛选获得的语文教学设计案例进行了深度分析，发现教学目标与教材目标还存在较大的沟壑，"语言三力"的培养处于语言知识、语言运用、语言态度较受重视，语言文化相对忽视，而语言评价、语言意识基本缺位的状态。强化课标的产出导向，明晰教材的编写意图，强化教材的使用意识，基于公平设定教学目标，提升教学设计的"教—学—评"一致观念，立足田野做好研究等，是推进小学语言教育、提升"语言三力"的可能路径。

一般而言，除了专门的语言课程，小学教师们的教学语言、管理语言运用就是潜移默化影响学生语言能力获得的最重要因素之一，为此，我们从学校语言运用氛围支持的角度，选择了各科小学教师的课例和单独教育案例，对教师们的课堂语言和日常管理语言进行观察，发现：教师们语言清晰度良好，方音和语法存在一定问题；语言展现的学情关注度不够，师生融合度较好；韵律把握度、书面美感度都较好，但遣词造句丰富度和语言机智度偏弱。相应地，为提升教师语言能力与语言运用效率，需要提振语言态度，付出真挚关爱，强化积累领悟，关注语言监控，优化职前培养体系，畅通职后提升渠道。

走出校门、家庭之外的社会所能给予小学生语言发展的支持又是怎样的状况？在超速发展的网络时代，我们以融媒体的少儿经典传播为切入口，管窥小学语言教育的社会支持现状，提出了增设以少儿为基础受众的媒体平台，提高传播主体的少儿教育综合素养，加强传播平台的内部账号监督，建立统一的公众平台传播准则，促进家校共同参与媒体平台建设等建议，期待少儿经典的融媒体传播模式能得到优化。

语言教育是一个宏大又精细的领域，且让我们与孩子们携手，追索语言奥妙，把握教育真谛，以语言之甘霖，泽彼此之心灵；乘语言之扁舟，乐寰宇之周游。

参考文献

[1] 海德格尔. 在通向语言的途中［M］. 孙周兴, 译. 北京: 商务印书馆, 2004.

[2] 姚小平. 洪堡特——人文研究和语言研究［M］. 北京: 外语教学与研究出版社, 1995.

[3] 罗常培. 语言与文化［M］. 北京: 北京出版社, 2004.

[4] 戴庆厦. 汉语与少数民族语言关系概论［M］. 北京: 中央民族学院出版社, 1992.

[5] 李宇明. 中国语言规划论［M］. 北京: 商务印书馆, 2010.

[6] 张世方. 语言资源（第 1 辑）［M］. 北京: 商务印书馆, 2018.

[7] 于根元, 夏中华, 赵俐, 等. 语言能力及其分化——第二轮语言哲学对话［M］. 北京: 北京广播学院出版社, 2002.

[8] 方碧辉, 胡允桓. 儿童语言能力的培养［M］. 济南: 明天出版社, 1988.

[9] 汪国胜. 语言教育论［M］. 武汉: 华中师范大学出版社, 2006.

[10] 赖良涛, 严明, 江妍. 教育语言学研究. 2021 年［M］. 上海: 上海交通大学出版社, 2021.

[11] 聂鸿音. 中国少数民族语言［M］. 北京: 语文出版社, 2007.

[12] 朝克. 中国濒危民族语言文化研究［M］. 北京: 中国社会科学出版社, 2020.

［13］孙宏开，胡增益，黄行．中国的语言［M］．北京：商务印书馆，2007．

［14］张绍滔．汉语文化研究［M］．厦门：厦门大学出版社，1996．

［15］钱冠连．汉语文化语用学（第3版）［M］．北京：清华大学出版社，2020．

［16］王崧舟．义务教育语文课程标准案例式解读 小学 2022 版［M］．上海：华东师范大学出版社，2022．

［17］丁晖，顾立民．管理的逻辑：高绩效组织的改进语言［M］．北京：电子工业出版社，2017．

［18］唐亚男，朱海琳，赵彦．儿童文学与幼儿语言教育［M］．北京：科学普及出版社，1994．

［19］曾晓洁．根深与叶茂：语文教师职业语言能力的养成［M］．武汉：华东师范大学出版社，2019．

［20］刘芳．语言形式聚焦研究［M］．北京：知识产权出版社，2020．

［21］刘圣中．历史制度主义：制度变迁的比较历史研究［M］．上海：上海人民出版社，2010．

［22］张聪．融媒体时代的出版与传播［M］．北京：知识产权出版社，2021．

［23］冯希哲，李红岩．技术与文化：融媒体时代的文化传播［M］．天津：天津大学出版社，2022．

［24］陈敏．经典少儿电视节目的守正创新与时代内涵——以央视少儿频道为例［J］．当代电视，2022（09）：51－54．

［25］董蕾．教师语言评价要促进学生发展［J］．中国教育学刊，2009（01）：75－77．

［26］顾桂荣．语文教师的教学语言应饱含情感［J］．全球教育展望，2011（06）：94－96．

［27］刘大为．语言知识、语言能力与语文教学［J］．全球教育展望，2003（09）：15－20，60．

［28］文秋芳．国家语言能力研究展望［J］．语言战略研究，2022（05）：7 - 8.

［29］李宇明．试论个人语言能力和国家语言能力［J］．语言文字应用，2021（03）：2 - 16.

［30］沈骑，赵丹．全球治理视域下的国家语言能力规划［J］．云南师范大学学报（哲学社会科学版），2020（03）：47 - 53

附　录

附录一　民族地区小学语言教育现状的调查问卷

亲爱的老师：

您好！语言教育是小学教育的重要内容，我们真诚地想了解小学语言教育现状，并听取您的相关建议。问卷为匿名填写，结果仅用于科学研究，拜请您按实际情况填写。您的观点对本次调查非常重要，衷心感谢您的参与！

湖南第一师范学院小学语言教育研究课题组

一、基本信息

1. 您的性别是（　　　）

A. 男　　　　　　　　　　B. 女

2. 您的民族是（　　　）

参考中华人民共和国中央人民政府文件，依据 55 个少数民族认定时间先后排序。

第一批：蒙古、回、藏、满、维吾尔、苗、彝、壮、布依、朝鲜、侗、瑶、白、哈尼、哈萨克、傣、黎、傈僳、佤、拉祜、高山、水、东乡、纳西、景颇、柯尔克孜、土、羌、撒拉、锡伯、塔吉克、乌孜别克、俄罗斯、鄂温克、鄂伦春、保安、裕固、塔塔尔第二批：土家、畲、达斡尔、赫哲、仫佬、布朗、仡佬、阿昌、普米、怒、崩龙（后改名为德昂）、独龙、京、毛难（后改名为毛南）、门巴

第三批：珞巴、基诺

3. 您所属民族的语言文字状况属于（　　　）

A. 有语言无文字（该语言是_____）

B. 有语言有文字（该语言是_____，该文字是_____）

C. 无语言无文字

4. 您目前任教学校的所在地（　　　）

A. 村镇　　　　　　　　　　　B. 县城

C. 城市

5. 您目前任教地区的人口构成情况（　　　）

A. 汉族地区有少数民族聚居　　B. 少数民族地区有汉族居住

C. 汉族地区无少数民族居住　　D. 少数民族地区无汉族居住

E. 其他

6. 您目前任教地区的民族构成情况（　　　）

A. 基本是汉族

B. 基本是少数民族（_____族，占比_____）

C. 汉族与少数民族的占比差不多（该少数民族是_____）

D. 其他

7. 您目前主要任教的课程是（　　　）

A. 汉语　　　　　　　　　　　B. 英语

C. 民族语言（_____语）　　D. 其他课程（_____课）

8. 您目前主要任教的学段是（　　　）

A. 1～2 年级　　　　　　　　　B. 3～4 年级

C. 5～6 年级　　　　　　　　　D. 初中

9. 您目前任教的学校是（　　　）（可多选）

A. 公办学校

B. 有特殊政策支持的学校（如"希望工程学校""芙蓉学校"等）

C. 民办学校或私立学校

D. 国际学校或双语学校

E. 其他

10. 您的出生年份处于（　　　）

A. 1959 年及以前　　　　　　　B. 1960—1969 年

C. 1970—1979 年　　　　　　　D. 1980—1989 年

E. 1990—1999 年　　　　　　　F. 2000 年及以后

11. 您的最高学历是（　　　）

A. 中专　　　　　　　　　　　B. 大专

C. 本科　　　　　　　　　　　D. 硕士及以上

二、调查内容

12. 您目前任教年级的语文课开设情况是（　　　）

A. 大于 8 节/周　　　　　　　　B. 1~2 节/周

C. 3~4 节/周　　　　　　　　　D. 5~6 节/周

E. 7~8 节/周　　　　　　　　　F. 0 节/周

13. 您目前的任教学校是否开设了少数民族语言课程（　　　　　）

A. 开设了，是＿＿＿＿＿＿语，开设年级是＿＿＿＿＿

B. 没有

14. 少数民族语言课程开设的形式是（　　　）（可多选）

A. 常规课堂教学　　　　　　　B. 三点半课后服务

C. 兴趣社团　　　　　　　　　D. 其他

15. 您所在学校少数民族语言课程所使用的教材类型是（　　　）（可多选）

A. 统编版《语文》教材的译本，与统编版《语文》内容一致，只是语言不同

B. 地区自编教材，内容与统编版《语文》不同

C. 由学校自主开发的校本教材

D. 其他

E. 无教材

16. 您目前任教年级的英语课开设情况是（　　）

A. 大于等于 5 节/周　　　　　　　　B. 3~4 节/周

C. 1~2 节/周　　　　　　　　　　　D. 0 节/周

17. 您目前任教学校是否开设了其他外语（除英语）课程（　　）

A. 开设了，是＿＿＿＿＿＿语，开设年级是＿＿＿＿＿＿

B. 没有

18. 您目前任教学校是否开设了方言课程（　　）

A. 开设了，主要采用的形式是＿＿＿＿＿（包括第二课堂、三点半课堂），是＿＿＿＿＿方言

B. 没有

19. 您认为"普通话"是指（　　）

A. 语音标准　　　　　　　　　　　B. 语音标准、词汇规范

C. 语音标准、词汇语法规范　　　　D. 其他

20. 您认为您的普通话还需要提升的地方是（　　）（不多于 3 项）

A. 语音标准程度　　　　　　　　　B. 词汇量

C. 书写水平　　　　　　　　　　　D. 写作能力

E. 听力　　　　　　　　　　　　　F. 阅读速度

G. 其他

21. 您认为您大部分学生的普通话语音水平（　　）

A. 非常标准　　　　　　　　　　　B. 标准

C. 比较标准　　　　　　　　　　　D. 不标准

E. 非常不标准

22. 您的学生不使用普通话时，一般使用（　　）

A. 英语　　　　　　　　　　　　　B. 本民族语

C. 本民族语的地方方言　　　　　　D. 日常交流均使用普通话

E. 日常交流均使用本民族语　　　　F. 其他

23. 本民族语学习和国家通用语言文字学习的关系，您认为（　　　）

A. 前者促进后者　　　　　　　B. 前者干扰后者

C. 两者的相互影响不大　　　　D. 其他

24. 您工作后，参加过的普通话推广相关活动有（　　　）（可多选）

A. 朗读演讲类比赛　　　　　　B. 专门的普通话培训课或培训班

C. 教师普通话水平抽查　　　　D. 含有普通话的教师技能比赛

E. 普通话帮扶结对　　　　　　F. 其他

25. 您目前主要使用的教学语言是（　　　）

A. 普通话　　　　　　　　　　B. 本地民族语

C. 本地方言　　　　　　　　　D. 英语

E. 其他外语

26. 您所使用的教学语言，感觉还需要提升的是（　　　）（不多于 3 项）

A. 语音标准程度　　　　　　　B. 词汇量

C. 书写水平　　　　　　　　　D. 写作能力

E. 听力　　　　　　　　　　　F. 阅读速度

G. 其他

27. 除教学语言外，您使用（　　　）作为辅助教学的语言（单选）

A. 普通话　　　　　　　　　　B. 本地民族语

C. 本地方言　　　　　　　　　D. 英语

E. 其他外语

28. 在校期间，您使用教学语言的情境一般是（　　　）（可多选）

A. 开展课堂教学　　　　　　　B. 维持课堂秩序

C. 与同事工作交流　　　　　　D. 与家长交流

E. 课后与学生交流　　　　　　F. 很少使用

G. 其他

29. 您所在的地区，日常的语言环境属于（　　　）

A. 以普通话交流为主

B. 以本民族语交流为主

C. 普通话与本民族语的使用占比接近

D. 以本民族语的地方话交流为主

E. 以其他语言为主（该语言是_____）

30. 若您是少数民族，您的本民族语言文字水平（　　）

A. 民族语言为汉语

B. 熟练地掌握本民族语言和文字

C. 对语言熟练，对文字不太熟

D. 对本民族的语言和文字都不太了解

E. 对语言熟练，没有文字

31. 您认为小学阶段正式开设的民族语言课程，应该掌握到的程度是
（　　）

A. 粗浅了解，重在培养兴趣

B. 最基本的日常听说

C. 最基本的日常听说与读写

D. 其他

32. 小学语言教育最重要的作用，您认为是（　　）（不多于 3 项）

A. 改善语言态度，使乐于交际　　　B. 提升语言运用能力

C. 了解语言背后的文化　　　　　　D. 提高考试成绩

E. 帮助未来就业　　　　　　　　　F. 其他

33. 如果您任教的学校能够开出多门语言课程，请按重要性从高到低排
序（　　）

A. 普通话（语文）　　　　　　　　B. 本地民族语

C. 本地方言　　　　　　　　　　　D. 英语

E. 其他外语

34. 对于多语言学习，家长一般持的态度是（　　）

A. 很支持　　　　　　　　　　　　B. 支持

C. 比较支持　　　　　　　　　　　D. 无所谓

E. 不太支持　　　　　　　　　　　F. 很不支持

35. 除课堂教学外，您目前任教学校开展语言教育的形式主要有（　　）（可多选）

　　A. 布置黑板报、墙壁、长廊或电子显示屏

　　B. 开展演讲、诵读或辩论赛等语言类校园活动

　　C. 组建语言类兴趣班、兴趣小组或社团（主要是＿＿＿＿＿＿语）

　　D. 播放校园广播或电台

　　E. 学校微信公众号设置相关栏目

　　F. 开设校园语言角（开设提升口语能力的，如英语角）

　　G. 其他

36. 学生开展课外语言学习，您更倾向于推荐相关的（　　）（可多选）

　　A. 报纸书刊　　　　　　　　　B. App 软件（具体软件＿＿＿＿＿）

　　C. 广播或电视　　　　　　　　D. 网络课堂

　　E. 其他

37. 您对国家和您所在省内的语言教育政策动态的关注情况是（　　　）

　　A. 非常关注　　　　　　　　　B. 关注

　　C. 比较关注　　　　　　　　　D. 一般

　　E. 不太关注　　　　　　　　　F. 不关注

38. 下列内容，您认为属于国家当前语言政策的是（　　　）（可多选）

　　A. 国家推广全国通用的普通话

　　B. 加快民族地区国家通用语言文字普及

　　C. 科学保护各民族语言文字

　　D. 服务特殊人群语言文字需求

　　E. 推动语言文字信息化技术创新发展

　　F. 提高保障国家战略和安全的语言文字服务能力

　　G. 创新语言文字服务方式

39. 推进小学语言教育的最主要困难，您认为是（　　　）（不多于 3 项）

A. 没有师资开展多语种教学

B. 教师语言水平不高（这里指的是_____语言）

C. 使用的语言教学手段比较局限（可以拓展的手段有_____）

D. 政府与学校对语言教育的支持力度不够（表现在_____）

E. 重视语言教育的意识普遍不强

F. 学校所在区域的语言基础弱（表现在_____）

G. 其他

附录二　民族地区小学语言教育的访谈提纲

其一　教师卷

一、基本信息

姓名：　　　性别：　　　年龄：　　　　教龄：

学历：　　　职称：　　　执教科目：　　执教年级：

访谈时间：　　　　　访谈地点：

二、访谈内容

1. 您是否从师范院校毕业？您的教龄是？您认为双语教师是指？

2. 您参加过的职后培训有哪些类型？

3. 您听说过哪些有关语言教育的政策和文献？主要通过什么途径了解？

4. 您学校开展的语言类课外活动有哪些？

5. 学校里的宣传标语或板报一般使用哪种或哪几种语言文字？

6. 您任教学校对学生语言能力的检测，主要有哪些途径？

7. 您的学生在语言文字学习方面是否存在困难？主要面临哪些问题？

其二　家长卷

一、基本信息

姓名：　　　性别：　　　年龄：　　　　孩子所在年级：

学历：

访谈时间：　　　　　访谈地点：

二、访谈内容

1. 在当地通用少数民族语、汉语、英语（或其他外语）中，您认为哪一种语言对孩子未来学习和生活最有用？该语言的重要性体现在？

2. 您认为少数民族地区的孩子是否应该掌握本少数民族语、汉语和英语（或其他外语）三种语言？原因是？

3. 您的孩子在语言学习的过程中是否遇到过什么困难？（如一种语言的学习是否对另一种语言产生了干扰，或在学习某一门语言时有哪些地方难以掌握？）表现在？

4. 若您孩子所在的学校开设多门语言课程，您更乐意让您的孩子学习哪几门语言课程？

其三　学校管理层卷

一、基本信息

姓名：　　　性别：　　　岗位：　　　任现职时长（年）：

学历：　　　职称：　　　执教科目：　　　执教年级：

访谈时间：　　　　　访谈地点：

二、访谈内容

1. 您任职的学校开设了哪些语言类课程？相对应地使用了何种教材？开发了哪些语言类课程资源？

2. 您认为目前双语教育（当地少数民族语、汉语）面临的问题有哪些？

3. 您知道哪些双语教育文件？

附录三　语文课"教—学—评"一致性的
28 个课例来源一览

为增加信息量，我们以参考文献的格式列出 28 个课例的具体来源与内容，为方便查看，采用了按年级排序的方式。具体如下：

[1] 韩智景，张胜辉.《ai、ei、ui》教学实录及评析［J］. 小学语文教学，2023（15）：34－36.

[2] 李凤君，薛炳群. 统编本——上《对韵歌》教学实录及评析［J］. 小学语文教学，2019（18）：25－29.

[3] 沈峰，付雪莲. 一上"快乐读书吧"《和大人一起读》整本书阅读教学实录［J］. 小学语文教学，2021（09）：42－44.

[4] 张丽，丁立美. 统编本——下《小青蛙》教学实录及评析［J］. 小学语文教学，2019（18）：29－33.

[5] 吕秋影.《要下雨了》教学实录［J］. 小学语文教学，2019（21）：36－39.

[6] 郝秀秀. 授人以鱼，不如授人以渔——《夜宿山寺》教学实录［J］. 小学语文教学，2020（33）：42－44.

[7] 刘翘懋，付雪莲. 二上"快乐读书吧"《小鲤鱼跳龙门》整本书阅读教学实录［J］. 小学语文教学，2021（09）：45－47.

[8] 黄鞯，付雪莲. 三上"快乐读书吧"《安徒生童话》整本书阅读教学实录［J］. 小学语文教学，2021（09）：47－50.

[9] 殷樱，姜明红.《搭船的鸟》教学实录及评析［J］. 小学语文教学，2022（27）：55－59.

[10] 牛筱琼，王丰.《搭船的鸟》教学实录及评析［J］. 小学语文教学，2019（30）：32－35.

[11] 高学雷，李竹平.《司马光》教学实录及评析［J］. 小学语文教学，

2020（33）：34 – 38.

[12] 刘淑芳，程琳钦. 搭建学习支架　感悟奇妙想象——《我变成了一棵树》教学实录及评析［J］. 小学语文教学，2023（09）：37 – 41.

[13] 臧学华. 读中比　比中思　思中悟——《池子与河流》教学实录［J］. 小学语文教学，2021（24）：36 – 39.

[14] 臧学华. 贯通课内外　融合听讲评——"趣味故事会"口语交际教学实录［J］. 小学语文教学，2021（24）：32 – 35.

[15] 张玲玲，金立义. 精准实施　指向表达——《麻雀》教学实录及评析［J］. 小学语文教学，2021（30）：38 – 41.

[16] 郜鹏燕.《精卫填海》教学实录［J］. 小学语文教学，2023（15）：31 – 33.

[17] 周运金，付雪莲. 四上"快乐读书吧"《中国神话传说》整本书阅读教学实录［J］. 小学语文教学，2021（09）：51 – 52.

[18] 周静，金立义. 习作要回归儿童的"万花筒"——四上第五单元习作"生活万花筒"教学实录及评析［J］. 小学语文教学，2021（30）：33 – 37.

[19] 刘淑芳，李大美. 巧借思维导图　创编奇妙故事——《宝葫芦的秘密（节选）》教学实录及评析［J］. 小学语文教学，2023（09）：46 – 50.

[20] 范潇骋. 用一首诗打开一扇门——四下《短诗三首》（第二课时）教学实录［J］. 小学语文教学，2023（06）：38 – 40.

[21] 郝洁.《猫》教学实录［J］. 小学语文教学，2020（15）：26 – 29.

[22] 孟祥菊，李凤君.《颐和园》教学实录及评析［J］. 小学语文教学，2019（18）：34 – 37.

[23] 孙静.《"精彩极了"和"糟糕透了"》教学实录［J］. 小学语文教学，2019（27）：23 – 26.

[24] 梅天垚，付雪莲. 五上"快乐读书吧"《中国民间故事精选》整本书阅读教学实录［J］. 小学语文教学，2021（09）：53 – 57.

［25］林科. 核心素养导向下的作业设计——五下第二单元"快乐读书吧"教学实录［J］. 小学语文教学，2022（15）：42 – 45.

［26］欧恋佳. 举手投足显神韵——"动作描写"习作指导课教学实录［J］. 小学语文教学，2021（12）：34 – 38.

［27］乐晶晶. 搭建学习支架　品读红色经典——《金色的鱼钩》教学实录［J］. 小学语文教学，2022（15）：37 – 41.

［28］徐飞飞，付雪莲. 六上"快乐读书吧"《童年》整本书阅读教学实录［J］. 小学语文教学，2021（09）：58 – 62.

附录四 小学教师课堂教学语言观察记录表

其一 小学教师课堂教学语言科学性的观察记录表

年级：_____ 科目：_____ 课程名称：_____

教师性别：___ 学校：_____ 课堂时长：_____

维度	要素	观测点	频次	举例
正确度	语音	1. 发音含糊		
		2. 朗读时加/减/倒字		
		3. 发音错误		
	词句	1. 学科术语错误		
		2. 一般性用词不当		
		3. 表述的内容错误		
	板书与媒介语	1. 知识性的内容错误		
		2. 内容与教学目标不匹配		
		3. 字形错误或字体不规范		
		4. 笔顺错误		
		5. 标点符号用错		
		6. 出现病句		
清晰度	基本思路	知识颗粒间逻辑关联不明显		
	教育教学重点	1. 讲授的教学时长不够		
		2. 讲授时未抓住理解重点的关键环节		
流畅度	语法	1. 搭配不当		
		2. 停顿不当		
		3. 结构杂糅		
		4. 成分残缺		
		5. 成分赘余		
		6. 语法性重音的位置错误		
		7. 修补意图明显		
	重复	1. 口头禅		
		2. 磕巴、无意义重复某句话		

记录者： 记录日期：

其二　小学教师课堂教学语言交互性的观察记录表

年级：_____　　科目：_____　　课程名称：_____

教师性别：_____　　学校：_____　　课堂时长：_____

		观察内容	频次	举例
学情关注度	提问次数	1. 总提问次数		
		2. 无意义提问次数		
	提问对象	参与发言学生人数（计算覆盖面）		
	知识信息	1. 所传达知识量太多或太少		
		2. 所传达知识量太深或太浅		
	理答理疑	1. 理答延展性		
		2. 不能捕捉和应对存疑、反对、有价值的错答等关键性的学生自发反应		
		3. 对象覆盖面窄		
师生融合度	语种语音	1. 师生语言一致		
		2. 多语种转换速度		
		3. 音量		
		4. 整体语速		
	板书	1. 字迹		
		2. 书写速度		
	身体语言	1. 眼神（与学生保持基本接触）		
		2. 身体姿势（随教育教学需要变动）		
		3. 不适当运用手势		
		4. 不适合的伴语言声音		
	身份	1. 使用詈语或讽刺挖苦		
		2. 有效表扬		
		3. 有效批评		

记录者：　　　　　　　　　记录日期：

其三　小学教师课堂教学语言艺术性的观察记录表

年级：_____　　　科目：_____　　　课程名称：_____

教师性别：____　　　学校：_____　　　课堂时长：_____

	要素	观测点及其反问指标	频次	举例
韵律把握度	语调	1. 一直使用同一种句调		
		2. 句尾过多降调，令人压抑		
		3. 语调与语境明显不匹配		
		4. 陈述、感叹、疑问、祈使句的句调运用错误		
	重音	1. 基本没有轻重区别		
		2. 强调性重音过多		
	语速	1. 基本没有快慢变化		
		2. 语速与语境不匹配		
	停顿	强调性停顿过多		
遣词造句丰富度	典雅词句	1. 使用典雅词句次数		
		2. 典雅词句使用不当		
	句式	1. 不能切换主动句与被动句		
		2. 长句过多		
		3. 不能适当切换整句与散句		
	积极修辞	1. 修辞格使用次数		
		2. 修辞格的运用种类不丰富		
语言机智度	幽默	1. 不能领会学生的幽默		
		2. 使用幽默的语言或副语言		
		3. 表达幽默时基本没人笑		
	自嘲	1. 挨批评时反击次数多		
		2. 挨批评时消极沉默		
		3. 不主动谈及自身不足		
书面美感度	字体字号	1. 结构不稳		
		2. 笔迹粗细不统一		
		3. 字的高矮大小参差难看		
	排版布局	1. 排版不整齐		
		2. 行款不适合		

记录者：　　　　　　　　　　　　记录日期：

附录五　小学教师课堂教学语言访谈提纲

其一　小学教师课堂教学语言科学性的访谈提纲

一、基本信息

姓名：　　　性别：　　　年龄：　　　　教龄：

学历：　　　职称：　　　执教科目：　　执教年级：

访谈时间：　　　　　　访谈地点：

二、访谈内容

1. 您的最高学历是？您所学专业是？

2. 您怎样理解课堂教学语言的科学性？应达到哪些要求呢？

3. 您认为小学教师课堂教学语言的科学性存在哪些问题？原因是什么？

4. 您认为您自己的课堂教学语言的科学性现状怎么样？原因是什么？

5. 据观察，有些教师的授课语言正确度尤其语音方面问题较突出（如方言性发音错误较突出，偶尔出现词汇及表述内容错误，偶尔出现字形、笔顺及标点符号错误），您认为原因是？

6. 据观察，有些教师的授课语言清晰度情况良好（如教育教学重点把握较好、基本思路较为清晰），您认为做到这一点的前提是什么？

7. 据观察，有些教师的授课语言流畅度尤其语法方面问题较突出（如语法错误较普遍、出现口头禅或磕巴），您认为原因是？

8. 您在课前会设计自己的课堂教学语言吗？在课堂上会注重自己教学语言的科学性吗？会在课后对自己课堂教学语言的科学性进行反思吗？

9. 您认为可以通过哪些途径来提高教师课堂教学语言的科学性？

10. 您平时会注重提升自身课堂教学语言的科学性吗？方式都有哪些？你觉得自己在提升过程中遇到的困难有什么？

11. 您攻读学业期间，学校有课程或培训或考核来提升课堂教学语言的科学性吗？

12. 您参加工作后，曾经有讲座、培训、同事互助等机会来提高自己课堂教学语言的科学性吗？

13. 您任教的学校在对教师进行考评时，会涉及课堂教学语言科学性吗？

14. 您希望相关部门提供哪些途径和资源，帮助老师们提高课堂教学语言的科学性？

其二　小学教师课堂教学语言交互性的访谈提纲

一、基本信息

姓名：　　　性别：　　　年龄：　　　　教龄：

学历：　　　职称：　　　执教科目：　　　执教年级：

访谈时间：　　　　　　访谈地点：

二、访谈内容

1. 在向学生提问前，您会慎重地考虑吗？通常会考虑哪些因素？

2. 如果学生回答错误，您通常会如何反应？

3. 学生回答后，您能轻松地临场提供更多的知识信息来拓展课堂吗？若不能，是由于不了解相关知识不够还是一时想不到？关于提升理答延展性，您的建议有哪些？

4. 您参加工作后，学校有安排专门针对师生交互（提问、理答理疑、课堂评价）的讲座、培训或同事互助吗？

5. 教师课堂上展现的身体语言，您认为是天生的还是能刻意训练得来的？

6. 您一次课的备课时间一般为多长？您备课的时候，会准备哪些方面，包括提问语吗？

7. 您认为教师提问过于细碎或无意义是什么原因造成的？

8. 有的老师上课时会忽略学生的一些错误行为，您认为主要原因是什么?

9. 您认为高学段提问覆盖率往往低于低学段的原因是什么?

10. 对于教师如何使用表扬语和批评语,您的建议是?

其三　小学教师课堂教学语言艺术性的访谈提纲

一、基本信息

姓名:　　　性别:　　　年龄:　　　　教龄:

学历:　　　职称:　　　执教科目:　　　执教年级:

访谈时间:　　　　　　访谈地点:

二、访谈内容

1. 您怎样理解教师课堂教学语言的艺术性及其要求?

2. 您觉得教师课堂教学语言的艺术性对教学和学生是否有影响? 若有,请举例说明。

3. 您认为小学教师课堂教学语言的艺术性存在哪些问题? 原因是什么?

4. 您在课堂上会注重自己教学语言的艺术性吗? 您在课后会对自己教学语言的艺术性进行反思吗?

5. 您认为您自己的课堂教学语言的艺术性现状怎么样?

6. 您认为可以从哪些途径来提高教师课堂教学语言的艺术性?

7. 您平时会注重提升自身教学语言的艺术性吗? 方式都有哪些? 您觉得自己在提升过程中遇到的最大困难是什么?

8. 您在攻读学业期间,学校有课程或培训或考核来提升教学语言的艺术性吗?

9. 您在参加工作后,曾经有讲座、培训或同事互助等机会来提高自己的课堂教学语言的艺术性吗?

10. 您任教的学校在对教师进行考评时,会涉及教学语言艺术性吗?

11. 您希望相关部门提供哪些途径和资源来帮助您提高课堂教学语言的艺术性水平?

附录六 教师管理语言的观察记录表

课堂管理语言情况观察表

科目： 年级： 课名： 教师编码： 教师性别：

情形	语言类型		表达方式	频次	效果观察 （典型描述）	其他 （问题）
课堂管理语言	惩劝语言					
	评价语言	表扬				
		鼓励				
		批评				
	引导语言					
	情绪语言					
	寻责语言					
	侮辱语言					
	约束语言	约定语言				
		行为约束				
	态势语言					

附录七　"宝宝巴士·奇妙古诗词" 分年龄段讲述的 222 首古诗词

3 岁 + 入门版				
1.《池上》	2.《咏白鹭》	3.《渡汉江》	4.《悯农》	5.《所见》
6.《赋得古原草送别》	7.《寻隐者不遇》	8.《静夜思》	9.《古朗月行》	10.《画》
11.《题画》	12.《春晓》	13.《咏鹅》	14.《风》	15.《一去二三里》
16.《秋浦歌（其十五）》	17.《遗爱寺》	18.《夜宿南寺》	19.《江南》	20.《蝉》
21.《今日歌（节选）》	22.《盆地》	23.《二月十一日夜梦作东都早春绝句》	24.《绝句二首（其二）》	25.《十二月十五夜》
3 岁 + 进阶版				
26.《山中送别》	27.《塞下曲》	28.《鹿柴》	29.《咏华山》	30.《京师得家书》
31.《杂诗三首（其二）》	32.《独坐敬亭山》	33.《敕勒歌》	34.《舟夜书所见》	35.《鸟鸣涧》
36.《相思》	37.《江雪》	38.《逢雪宿芙蓉山主人》	39.《梅花》	40.《绝句》（其一）
41.《送灵澈上人》	42.《送朱大入秦》	43.《塞下曲》（其三）	44.《宿建德江》	45.《登鹳雀楼》
46.《秋夜寄丘员外》	47.《山中》			

4 岁 + 入门版				
48.《小池》	49.《闲居初夏午睡起》	50.《蜂》	51.《山行》	52.《溪居即事》
53.《乐游原》	54.《回乡偶书》	55.《赠汪伦》	56.《蚕妇》	57.《游子吟》
58.《夏日绝句》	59.《画鸡》	60.《竹里馆》	61.《浴浪鸟》	62.《八阵图》
63.《马诗》（其五）	64.《山中》	65.《村居》	66.《江上渔者》	67.《长安秋望》
68.《题秋江独钓图》	69.《元日》	70.《夜雪》	71.《华子冈》	72.《行宫》
73.《零陵早春》				
4 岁 + 进阶版				
74.《晓出净慈寺送林子方》	75.《夏景》	76.《闲居初夏午睡起（其一）》	77.《春雪》	78.《易水送别》
79.《春日》	80.《乞巧》	81.《江畔独步寻花》	82.《咏柳》	83.《望天门山》
84.《小儿垂钓》	85.《饮湖上初晴后雨》	86.《秋浦歌（其十四）》	87.《黄鹤楼送孟浩然之广陵》	88.《宿新市徐公店（其二）》
89.《九月九日忆山东兄弟》	90.《望庐山瀑布》	91.《照镜见白发》	92.《绝句（其三）》	93.《客中作》
94.《大风歌》	95.《终南望余雪》	96.《洛中访袁拾遗不遇》	97.《辛夷坞》	98.《秋夜将晓出篱门迎凉有感》
99.《论诗（其二）》	100.《塞上听吹笛》	101.《秋风引》	102.《秋词（其一）》	

5 岁＋入门版				
103.《采莲曲（其二）》	104.《乌衣巷》	105.《悯农》	106.《问刘十九》	107.《江南春》
108.《别董大（其一）》	109.《游园不值》	110.《惠崇春江晚景（其一）》	111.《凉州词（其一）》	112.《山中问答》
113.《题西林壁》	114.《暮江吟》	115.《早发白帝城》	116.《忆江南（其一）》	117.《贾生》
118.《乡村四月》	119.《早春呈水部张十八员外（其一）》	120.《江南逢李龟年》	121.《绝句》	122.《惠州一绝》
123.《清明》	124.《竹枝词（其一）》	125.《溪上遇雨（其二）》	126.《钟山即事》	127.《菊花》
128.《三衢道中》				
5 岁＋进阶版				
129.《约客》	130.《凉州词》	131.《竹石》	132.《芙蓉楼送辛渐（其一）》	133.《舟过安仁》
134.《四时田园杂兴》	135.《夜书所见》	136.《题都城南庄》	137.1《望洞庭》	138.《天竺寺八月十五夜桂子》
139.《渔歌子》	140.《送元二使安西》	141.《秋思》	142.《劝学》	143.《泊船瓜洲》
144.《示儿》	145.《逢入京使》	146.《过华清宫（其一）》	147.《忆江南（其二）》	148.《送别》
149.《春夜洛城闻笛》	150.《泊秦淮》	151.《垓下歌》	152.《峨眉山月歌》	153.《中秋月（其二）》
154.《闻王昌龄左迁龙标遥有此寄》	155.《题花山寺壁》	156.《蜀中九日》	157.《海棠》	158.《少年行（其一）》
159.《雨中登岳阳楼望君山》				

6 岁 + 入门版				
160.《四时田园杂兴（其一）》	161.《登科后》	162.《题临安邸》	163.《石灰吟》	164.《墨梅》
165.《梅花》	166.《浪淘沙》	167.《冬夜读书示子聿》	168.《赠刘景文》	169.《出塞》
170.《滁州西涧》	171.《观书有感》	172.《七步诗》	173.《过故人庄》	174.《春夜喜雨》
175.《赤壁》	176.《秋夕》	177.《嫦娥》	178.《枫桥夜泊》	179.《不第后赋菊》
180.《寒菊》				
6 岁 + 进阶版				
181.《西江月·夜行黄沙道中》	182.《游钟山》	183.《登飞来峰》	184.《己亥杂诗》	185.《夜雨寄北》
186.《雪梅》	187.《晚春》	188.《天净沙·秋》	189.《游山西村》	190.《清平乐·村居》
191.《赠花卿》	192.《登幽州台歌》	193.《从军行（其四）》	194.《长相思》	195.《闻官军收河南河北》
196.《牧童》	197.《大林寺桃花》	198.《寒食》	199.《春江花月夜》	200.《十一月四日风雨大作》
201.《如梦令》	202.《浪淘沙（其七）》	203.《己亥杂诗（其五）》	204.《洛桥晚望》	205.《从军行（其二）》
206.《书湖阴先生壁》				

7 岁 + 入门版				
207.《饮酒（其五）》	208.《望月怀远》	209.《归园田居（其三）》	210.《送杜少府之任蜀州》	211.《相见欢》
212.《使至塞上》	213.《望洞庭湖赠张丞相》	214.《长歌行》	215.《黄鹤楼》	216.《送友人》
7 岁 + 进阶版				
217.《春望》	218.《月夜忆舍弟》	219.《浣溪沙》	220.《汉江临泛》	221.《月下独酌（其一）》
222.《破阵子·为陈同甫赋壮词以寄之》				

后　记

　　人是社会关系的产物，在庞大的结构中，我们每个人都是一个点，一个有主观能动性的点。这个有主观能动性的点，处于由几十上百亿个点共同联结而形成的复杂结构里。当这个点发生位移之时，动力可能全部来自主观能动性的发挥，可能全部来自所处结构中的上位系统或临近元素的波动，也可能是上述多方力量的共同作用。作为主要著作者，这本小书的诞生让我的认知与能力得到了新的提升，我的水平发生了位移。让我产生位移的，既有主观能动性的发挥，也依赖于一起工作的多位同学和友人的协助。在此，我要对相关协助者表示深深的谢意。

　　我的研究生张鹭，有着一种沉着而坚韧的气质，对于"语言三力"的模型搭建和语文课的教学评状况分析，她发挥了很重要的作用，与她一起比肩促膝地一点点推进这部分的研究，让我感受到了师生之间心灵相通的快乐。

　　谭可雨对于自己的学习，有一种近乎苛刻的要求，首次认识是我去首都师范大学开会而她恰好也在这儿作交流生，也是有缘，此后从大学生创新创业计划项目，到师范生技能竞赛，再到毕业生论文指导，她都跟我在一起。写下这段话时，我又想起了她用纯洁而真挚的大眼睛望着我的样子——我们在分析小学语言课程设置与实施现状的时候，她经常非常近距离地望着我，有时带着疑惑，有时又满是欢喜。

　　旷宏亮爱学习、爱交流，上他们班《小学语文课程标准与教材研究》时，他很乐于回答问题和提出问题，给人留下深刻印象，然后就开始指导大创课题和毕业论文，前者跟小学语言课程设置有关，后者跟民族语言政策有关。无论干什么事,他都有热切的态度和较为机敏的表达,而这种品质又让他颇有号召力,以至于他大创课题组的成员既有来自教育学专业的谭可雨、李璐蔚,还有心理学专业的易群、任静、罗龙颖,以及中文专业的欧祥辉。

上述小组人员中,李璐蔚也是我指导的"润之班"学生,她在做大创项目的过程中开始萌发出一起研究民族地区小学语言教育的想法。这项工作的难点是找到合适的人选开展问卷调查与访谈,通过与好几拨人反复交流后,我们较顺利地解决了这个问题,而每联系到一位特邀嘉宾后,璐蔚都会快速地与之对接并开展相关调研。许姣、刘怡雨、刘雨晴对教师课堂语言运用的教学案例进行了反复观察与细致统计。方卓和刘梓雯逐字校对了样稿。

此外,作为一项调查研究,本研究各子项目都以调查作为主要研究方法。对于所有拨冗接受调查的访谈者及其来源单位,致以最崇敬的敬意,感谢这些来自小学一线、小学管理岗位的朋友们!

最后,真诚感谢湖南第一师范学院"教育学"省级应用特色学科的出版支持,感谢湖南师范大学出版社彭慧老师对书稿的耐心审改。

曾晓洁

2023 年 11 月 8 日